Ze journal de la Famille presque ZÉRO DÉCHET

SURVIVRE UN AN SANS DÉCHET
(mais avec quelques gros mots...)

dessin - scénario - couleurs
BÉNÉDICTE MORET

LE LOMBARD
BRUXELLES

CET ALBUM A ÉTÉ IMPRIMÉ SELON LE LABEL PEFC.
CELA SIGNIFIE QU'IL EST IMPRIMÉ SUR DU PAPIER
ISSU DE FORÊTS DURABLES, SELON UN SYSTÈME SÛR
ET TRANSPARENT QUI PERMET DE SUIVRE LE FLUX DE
BOIS DEPUIS LA FORÊT JUSQU'AU CONSOMMATEUR.

la page facebook ici

WWW.FACEBOOK.COM/FAMILLEZERODECHET
WWW.FAMILLEZERODECHET.COM

DIRECTION ARTISTIQUE :
ÉRIC LAURIN & BÉNÉDICTE MORET

CONCEPTION GRAPHIQUE :
SOPHIE VETS

PEFC
PEFC/18-31-107
Certifié PEFC
Ce produit est issu de forêts gérées durablement et de sources contrôlées
www.pefc-france.org

PREMIÈRE ÉDITION

D/2020/0086/075
ISBN 978-2-8036-7224-0

DÉPÔT LÉGAL : FÉVRIER 2020
ACHEVÉ D'IMPRIMER EN JANVIER 2020.
IMPRIMÉ ET RELIÉ EN ITALIE PAR STIGE,
VIA PESCARITO 110, 10099 SAN MAURO TORINESE.

LES ÉDITIONS DU LOMBARD
7, AVENUE PAUL-HENRI SPAAK
1060 BRUXELLES - BELGIQUE

WWW.LELOMBARD.COM

À MES DEUX AMOURS,
MALI & DIA

AVERTISSEMENT !

VOUS NE POURREZ PAS DIRE QU'ON NE VOUS A PAS PRÉVENU !

C'est la première fois que j'écris une BD !
Si, si, je vous assure !
C'est ouf !
Non ?
Un peu quand même ?
...
Bon... Toujours est-il que c'est pas facile !
Non, non...
C'est dur...
Eh oui, j'ai les jambes arquées en vrai.
OH ÇA VA HEIN ! Je vous entends d'ici !
"Nanani, nanana... La meuf, elle nous prépare parce que sa BD elle est toute moisie !"
Pfff...
Regard de Chat potté
larme à l'œil
J'ai mis tout mon cœur dans ce travail quand même !
Alors soyez indulgent !
pitiéééé.

L'histoire que vous vous apprêtez à lire...
... Si toutefois vous ne refermez pas ce livre une fois les avertissements passés...
Cette histoire donc est une interprétation romancée de notre famille dans notre démarche de réduction des déchets...
Oui, je sais, dis comme ça, ça vend du rêve...
...
Oui, ça veut dire que ce que vous allez lire n'est pas forcément arrivé...
... ou pas dans cet ordre...
... et pas tout...
Enfin! J'me comprends!
BREF! Je me réserve le droit de ne pas vous dire quel est le vrai du faux.
Et pour ceux qui se posent la question, NON, je ne souffre d'aucune dissociation mentale ou un truc du genre...
Je ne suis pas totalement fière de toutes nos anecdotes.
Mais bon...
Vous ne saurez jamais lesquelles sont vraies ou fausses...
Hin hin...
Trop machiavélique la meuf!
Et si jamais vous trouvez mes propos sexistes, anti-vegan, grossiers, voire même déplacés...
C'est que vous avez la chance de vivre dans un pays où vous avez votre liberté de penser et d'interpréter ce que j'écris!
Si vous avez des récriminations, merci d'envoyer un mail au service après-vente de Carglass.
Ils l'ont mérité...
... eux.
lol

Non parce que moi, je suis une féministe pur jus !
Flexitarienne, pas extrémiste, tolérante (sauf pour les cons… et Carglass… Mais ça, vous le savez déjà)…
Et pour couronner le tout, SUPER CANON !
Hin, hin…
(Et modeste avec ça, mais vous l'aurez déjà compris.)
ALORS ME CASSEZ PAS LES OVAIRES !
Bordeldeculdebordeldemerde !
Oui bon… Par contre pour la grossièreté, là… C'est pas impossible qu'il y en ait un poil.
Je devrais peut-être rajouter le macaron -12 ?
Enfin… Tout dépend du niveau de votre grosmomètre.
Je dis ça, je dis rien.
AH OUI ! Et aussi, toute ressemblance avec des personnes existantes dans la vie vraie serait une coïncidence totalement fortuite.
Coucou maman !
Hin hin.
BON ALLEZ ! BONNE LECTURE !
Et n'oubliez pas, maître mot : TO LÉ RANCE !

INTRODUCTION

ENTRE NOUS, DE QUOI ÇA PARLE ?

Eh bien, la Famille presque Zéro Déchet, c'est nous !
En 2014, on a commencé une aventure que d'aucuns qualifieraient dans un langage très technique...
... de tarée.
On a décidé de ne plus produire aucun déchet !
Dingue, hein ?
On a pas mal été médiatisés à ce moment-là.
Et il faut dire que ça n'a pas été de tout repos.
On a été aussi pas mal critiqués...
... Normal.
Quand tu fais des trucs chelous, faut s'y attendre !
Une fois, on nous a même accusés d'être une fausse famille !
Une jolie famille commerciale construite sur mesure pour la téléréalité.
Si, si... On nous a vraiment dit ça !
Mais en réalité, on est vraiment de vrais gens de la vie réelle...
... tout pleins de défauts !
Loin, loin... Trèèèèès loin d'être parfaits...
Bien loin.

Mais comme toutes les personnes imparfaites qui tendent cependant vers un idéal...
Ouais, je sais... Des fois, je parle trop bien.
Nous avons des rêves, des envies et des convictions pour nous, nos enfants et notre avenir commun.
Et si on ne se bat pas pour ça, qui le fera?
Non mais franchement?
Qui?
Hein?
QUI??!
On était à des années-lumière de s'imaginer ce qui nous attendait.
Du coup, après 5 longues années de péripéties, j'ai eu envie de vous dessiner notre histoire.
Oui, voilà... C'est ça, tout à fait! Je vais vous raconter ma life! ♡
Allez! Je vous fais les présentations!
Dans la Famille presque Zéro Déchet, je voudrais...
Le père,
la mère,
la fille,
et le fils!
On va remonter au jurassique... Non OK, l'enfance suffira, histoire de vous poser le contexte de toute cette aventure.

Jérémie, le papa
JÉRÉMIE EST UN HOMME SENSIBLE, DOUX, UN BRIN TÊTU, QUI A SU TRÈS JEUNE DÉFENDRE SES IDÉES ET SES CONVICTIONS.
FAUX! Albator est plus fort que Goldorak! T'y connais que dal mec! Amateur...
Jérémie 4 ans
IL A UN AMOUR PROFOND POUR LA NATURE ET TOUS SES HABITANTS.
Si tu continues d'utiliser du plastique, tu peux être certaine qu'en 2050, il y aura plus de plastique que de poissons dans les océans!
TUP
Jérémie 5 ans
HABITÉ PAR UNE DÉTERMINATION SANS FAILLE POUR UNE CAUSE...
Tu sais, maman? Certains plastiques sont toxiques! Et tu risques d'en avaler en buvant dedans.
Jérémie 6 ans
IL MONTRE UNE CERTAINE CONSTANCE QUAND IL S'AGIT DE DÉFENDRE SES VALEURS.
Tu sais, maman? Le pla...
ENCORE UN SEUL MOT SUR LE PLASTIQUE ET TU ES PRIVÉ DE CLUB DOROTHÉE JUSQU'EN 2050!!
Jérem 7 ans
Jérémie
... Le plat est hyper bon, mamounette chérie.
Jérémie
CONTRE VENTS ET MARÉES
(mais pour leur bien, évidemment!)
C'EST UN FERVENT DÉFENSEUR
DE L'ENVIRONNEMENT.
UN MEC BIEN, QUOI...
UN HOMME QUI A DES PRINCIPES
ET QUI S'Y TIENT!
Boutoul

Moi-même, Bénédicte, la maman
JEUNE MAMAN DYNAMIQUE, ARTISTE ET PAS PERCHÉE DU TOUT.
C'est quoi ça ?
JEUNE FEMME DE MA GÉNÉRATION, PASSIONNÉE...
Huuu !!! Elles sont belles, hein ? Je les ai eues à pas cher chez Emmaüs !
Attends... ça me dit quelque chose...
mais !
PRÊTE À FAIRE TOUS LES COMPROMIS...
T'as pas genre exactement les mêmes là ?
AH NON ! Rien à voir !! T'es trop naze, c'est pas du tout les mêmes !
JE SUIS TOUJOURS PARTANTE POUR DE NOUVELLES AVENTURES...
Ça te dit de partir deux jours en montagne avec les enfants ? On dormirait dans la tente !!
Ça te dit de sauter du 14e étage avec un slip en barbelés ?
RANDONNÉE
L'ART
ET D'UN FLEGME QUASI BRITANNIQUE...
Et un rien grossière !
MAIS QUE DAL ! C'est moi qui raconte l'histoire d'abord ! Va chier dans ta caisse ! Espèce de...
TOUJOURS DANS LA DÉLICATESSE ET LE RAFFINEMENT.
J'en étais où ? Ah oui... Non, je ne suis pas grossière du tout ! Rhooo... l'autre, l'image qu'il me donne !

Mali, notre fille
(alias "Malinator" ♡)
DÈS SES PREMIERS PAS DANS LA VIE, NOUS SAVIONS DÉJÀ QUE NOUS POURRIONS COMPTER SUR SA BONNE VOLONTÉ ET SA GRANDE MOTIVATION.
NAN!
VRRR
6 mois
ELLE A RAPIDEMENT ÉGAYÉ NOTRE QUOTIDIEN.
NAN!
Je veux la couche avec les poneys! Celle-là elle est MOCHE!!!!
10 mois
AVEC UNE CERTAINE CONSTANCE QUI N'ÉTAIT PAS SANS RAPPELER SON HÉRITAGE PATERNEL...
NAN
18 mois
POUR S'AFFIRMER PLUS TARD DANS UN DISCOURS DES PLUS CHÂTIÉS !
Il est où, le ketchup?
T'AS REGARDÉ DANS TON CUL?
Keuh Keuh
2 ans et demi
Ahhhh! Les enfants! On se demande vraiment où est-ce qu'ils vont chercher tout ça!
AH OUI? On se demande, hein?
MAIS!! Qu'est-ce que j'ai foutu de mes clés? Bondieudebordeldemerde!
T'as regardé dans ton cul?
Où j'ai rangé ce putain de dossier?!
DANS TON CUL!
DANS TON CUL!
Il est où...
au fond à droite!
IL PARAÎTRAIT (SOI-DISANT) QUE MON HUMOUR AURAIT TENDANCE À ÊTRE GRAS... ET LOURD.
Mais alors là! Franchement, c'est n'importe quoi! Je ne vois pas du tout de quoi ça s'agit!

doudou Papin
Dia, notre fils (alias "le petit minou")
PUDIQUE ET RÉSERVÉ, DIA EST UN PETIT GARÇON TRÈS NATURE.
Ouéééé!!!
CONNECTÉ AUX ÉLÉMENTS, TOUJOURS EN PLEINE CONSCIENCE ET PRESQUE MÉDITATIF.
IL EST FIN PRÊT À TESTER DE NOUVELLES EXPÉRIENCES.
BAH!! Maman! Dia, il fait caca dans le pied de parasol!
GNNNiiiii!
TOUJOURS AU BON ENDROIT ET AU BON MOMENT, DIA A UN RÉEL SENS DU DÉTAIL.
MAIS? Qui a moulé un cake dans l'épuisette?
— Devine!
BREF, UN ENFANT HEUREUX QUI SAIT PROFITER DE CHAQUE INSTANT, SOUCIEUX DES CONVENTIONS SOCIALES ET DE LA BIENSÉANCE.

Qu'est-ce que je disais ?... Des gens "normaux".
T'aurais pas vu mon pull bleu ?
On a racheté du café ?
On est quel jour déjà ?
MAMAN ?
maman ?
Maman ?
Maman ?
Maman ?
Maman ?
J'ai faim.
Tous des tarés ces humains !
...
On fait quoi après ?
J'ai vu le doudou comme il est trop beau !
Oh là là !
Tu as mauvaise mine ma chérie.
Tu devrais manger plus...
...t'es trop maigre.
Tiens ! Je t'ai acheté du sopalin en promo ! J'ai vu que tu n'en avais pas.
Ne me remercie pas !
PASCAL
Je veux des croquettes !
Pas cette marque !
Celles-là elles sont nulles !
Je veux celles de la pub !!

Bon...
Notre envie de faire du Zéro Déchet n'est pas née de rien...
Je vais vous faire un petit résumé global de la situation.
Vite fait...
Comme ça...
Histoire de poser le contexte.
...
C'est cadeau.
Après, vous pourrez plus dire que vous ne saviez pas !

CONSTAT
Tu sais, la planète, toussa ?
NOTRE PLANÈTE N'A PAS DES RESSOURCES INFINIES, CHAQUE ANNÉE NOUS PRODUISONS ET CONSOMMONS BEAUCOUP, BEAUCOUP TROP.
SUPER CONSO
JE VOUS EXPLIQUE. LA SURFACE DE LA TERRE FAIT 510 MILLIONS DE KM².
NOUS SOMMES 7 MILLIARDS DE CONSOMMATEURS, CELA NOUS LAISSE DONC 7,3 HA DE SURFACES BIOPRODUCTIVES... EN THÉORIE.
7,3 ha
MAINTENANT, RETIRONS LES OCÉANS...
LA SIBÉRIE ET AUTRES DÉSERTS INHABITABLES...
CE CHIFFRE PASSE À 1,7 HA...
QUE L'ON DOIT PARTAGER AVEC TOUS LES ANIMAUX ET LES FORÊTS.
Et nous ?! Gerard !

IL NE RESTE DONC À CHACUN DES 7 MILLIARDS D'ÊTRES HUMAINS QUE 1,7 HA DISPONIBLE.
NOUS SOMMES À CRÉDIT ÉCOLOGIQUE À PARTIR DU 29 JUILLET.
29 JUILLET
Vous avez épuisé toutes les ressources
Sources : WWF, Earth Overshoot Day.
C'EST-À-DIRE QUE NOUS PRÉLEVONS, ÉMETTONS ET POLLUONS EN 7 MOIS CE QUE NOUS DEVRIONS FAIRE EN 1 AN...
Plus ! plus ! plus !
BRRRR BRRR
AH !
ET CELA NE LAISSE PAS LE TEMPS AUX ÉCOSYSTÈMES DE SE RÉGÉNÉRER.
AH NON HEIN ! Pas le temps de feignasser ! Au boulot !
C'est l'empreinte écologique. Pour la calculer, on prend en compte plusieurs choses.
PREMIÈRE CHOSE, ON REGARDE LES ÉMISSIONS DE CARBONE.
Le changement climatique, ça vous parle ?
+2°
ON NOUS PROMET + 2°C DE RÉCHAUFFEMENT À LA FIN DU SIÈCLE... ET PLUS SI AFFINITÉS.

EN GROS, 3, 4, 5°C SI NOUS NE CHANGEONS RIEN.
OUI, JE VOUS ENTENDS DÉJÀ : « HAN, TROP GÉNIALEUUU ! PISCINE ET PLAGE EN NOVEMBRE ! »
OUI, EN EFFET, PAS DE QUOI SORTIR LES MAILLOTS DE BAIN.
Tu sors !
Pfff
12 TONNES
C'est aussi lourd que 16 vaches d'Abondance... mais là on fait pas du reblochon.
CHAQUE FRANÇAIS ÉMET 12 TONNES DE CO_2 PAR AN (TRANSPORT, ÉNERGIE, ALIMENTATION, LOGEMENT, CONSOMMATION ET SERVICES PUBLICS).
ET SI ON AJOUTE À ÇA NOTRE POGNON À LA BANQUE...
Gnnnii !
Ouais Jean-Mi, c'est moi... Tu me places les économies de madame dans le pétrole, le gaz et le charbon...
Nan, on s'en fout que ça pollue...
Ça rapporte grave !
NOS ÉMISSIONS MONTENT À 21 TONNES DE CO_2 PAR AN ET PAR FRANÇAIS !! C'EST OUF !
ALORS, SI ON VOULAIT FREINER LE RÉCHAUFFEMENT CLIMATIQUE À 2°C, IL FAUDRAIT QUE CHAQUE ÊTRE HUMAIN SUR TERRE N'ÉMETTE PAS PLUS DE 2 TONNES DE CO_2 PAR AN.
2 Tonnes
Ça ne fait plus que 2 vaches et demie ! Je dis ça, je dis rien.

Là encore, on n'est pas égaux. Parce que c'est une moyenne, hein !
IL EST CLAIR ET ÉVIDENT QUE NOTRE MONSIEUR TOUT-LE-MONDE QUI GAGNE SON PETIT SALAIRE ET VA BOSSER AVEC SA PETITE AUTO N'AURA PAS LE MÊME BILAN QUE NOS CHERS PATRONS DE GRANDS GROUPES QUI SE DÉPLACENT EN JET OU 4X4 ET PASSENT LEURS VACANCES SUR LEUR YACHT À L'AUTRE BOUT DU MONDE !
JE DIS ÇA, JE DIS RIEN, MOI...
SPLAH !
DEUXIÈME CHOSE, ON REGARDE L'IMPACT SUR LA BIODIVERSITÉ.
maman !
POUR COMMENCER, LA DÉFORESTATION. ON VA PRENDRE UN EXEMPLE CONCRET, LE SOJA.
OUI, ÇA CHANGE UN PEU DE L'HUILE DE PALME... MAIS LE PRINCIPE EST LE MÊME.
MOUHAHAHAHAHA !
LA CULTURE DU SOJA REPRÉSENTE PLUS DE 80 MILLIONS D'HECTARES ! PAS ÉTONNANT QUE ÇA DÉBORDE SUR LES FORÊTS.
Y a pas assez de place, coupez-moi tout ce qui dépasse.
Mais !... Vous avez défoncé ma maison ! On va aller où avec les petits ?
maman ?
Ouinn
C'est pas mon problème ! Démerdez-vous !
ON RASE DES FORÊTS PRIMAIRES ET ON DÉGAGE TOUS LES ANIMAUX QUI HABITENT DEDANS.

Bienvenue dans votre nouveau logement. L'ALM, l'arbre à loyer modéré...
Maman ! Ya des nouveaux locataires ! Youpi !
SAUF QUE, YA PAS DE SERVICES SOCIAUX DE RELOGEMENT POUR EUX.
ET DONC ILS MEURENT... C'EST MOCHE.
Quoi ? Comment ça les licornes n'existent pas !
RIP
Ça fera de la place pour le soja
Maurice, t'es prêt ? Il ne te reste que 10 minutes à vivre.
Hein ?
UNE ESPÈCE ANIMALE DISPARAÎT DÉFINITIVEMENT TOUTES LES 15 MINUTES !
CE SOJA EST ENSUITE ENVOYÉ À TRAVERS LE MONDE POUR NOURRIR LES ANIMAUX D'ÉLEVAGE INTENSIF.
Hé ! Poussez pas !
TOUT ÇA POUR QUOI ? POUR QU'ON MANGE ENCORE ET TOUJOURS PLUS DE VIANDE ?
LE PROBLÈME, C'EST LA QUANTITÉ. SI NOUS MANGIONS TOUS UN PEU MOINS DE VIANDE...
Lundi
Mardi
Mercredi
Jeudi
Vendredi
Samedi
Dimanche
ON POURRAIT RETOURNER À UN ÉLEVAGE EXTENSIF ET MANGER DE LA VIANDE LOCALE ET DE MEILLEURE QUALITÉ. MOINS MAIS MIEUX.
Ouéééé !!!
ARRÊTER LES CULTURES INTENSIVES QUI ENTRAÎNENT LA DÉFORESTATION ET DÉTRUISENT LA BIODIVERSITÉ ANIMALE ET VÉGÉTALE.

ENSUITE IL Y A LE FACTEUR POLLUTION, MON EXEMPLE PRÉFÉRÉ : « LES ABEILLES » (ET AUTRES POLLINISATEURS)…
OU COMMENT SE TIRER UNE BALLE DANS LE PIED !
Kof Kof Kof !
NOS MAGNIFIQUES ABEILLES SONT VICTIMES DE LA POLLUTION (PESTICIDES, INSECTICIDES…).
COMME LES DEUX TIERS DE NOTRE ASSIETTE (FRUITS, LÉGUMES, TOUSSA) DÉPENDENT DE LA POLLINISATION…
C'EST UN PEUT SCIER LA BRANCHE SUR LAQUELLE ON EST ASSIS.
Va falloir vous mettre au boulot, les mecs !
Alors si tu crois que j'ai que ça à FOUTRE !!
DU COUP, ON MANQUE GRAVE DE MONDE POUR POLLINISER ! BAH OUI, AUX DERNIÈRES NOUVELLES, LES MOUSTIQUES NE POLLINISENT PAS.
Tu fais quoi aujourd'hui ?
Je dois réveiller l'humain 17 fois durant les prochaines 12 heures… Et toi ?
Moi, je lui refile le palu.
Han ! La chance !
EH NON… À PART NOUS CASSER LES OVAIRES, NOUS EMPÊCHER DE DORMIR ET NOUS FILER DES MALADIES DE MERDE…
BREF… JE M'ÉGARE…
ÉTOILE DES NEIGEUUU !
ZZzzz
…Z ?
MOINS D'ABEILLES PROVOQUE UNE GRANDE PERTE DE BIODIVERSITÉ.
AVANT
APRÈS
C'est scandaleux ! Au prix qu'on a payé, y a même pas une girafe à voir !
POUR FAIRE COURT, ON A PERDU 60 % DES ESPÈCES SAUVAGES EN 50 ANS (WWF, RAPPORT « PLANÈTE VIVANTE 2019 »).

ET C'EST UNE MOYENNE, HEIN ! 31 % EN EUROPE CONTRE 89 % EN AMAZONIE !
BAH OUI ! Pourquoi défoncer tout chez nous alors qu'on peut le faire ailleurs !
Là vous pourrez pas accuser les météorites !
ON ASSISTE À LA SIXIÈME EXTINCTION DE MASSE... ÇA PUE.
DERNIÈRE CHOSE, ON REGARDE L'ÉPUISEMENT DES RESSOURCES.
AVEC NOTRE SYSTÈME AGRICOLE INDUSTRIEL, ON DÉFONCE ET ON ÉPUISE LES SOLS.
Glyphosate
AVEC LA SURPÊCHE ET LES GROS BLAIREAUX QUI CONTINUENT DE RACLER LE FOND DES OCÉANS AVEC LEURS GROS CHALUTIERS DE 300 M DE LONG POUR VENDRE AUX INDUSTRIELS, ON ÉPUISE LES OCÉANS ET LEURS RESSOURCES.
ON PUISE TROP DANS NOS RESSOURCES D'EAU. TOUT ÇA POUR FAIRE POUSSER DES TRUCS COMME LE COTON...
On a soif !
AH NON HEIN ! Faut d'abord arroser tout le coton !
On a faim...
AH NON HEIN ! Pas la place pour les légumes. Faut faire pousser le coton !
Pour vendre des tee-shirts
et faire des sous.
QUI SERVIRA À FAIRE D'AUTRES TRUCS, COMME DES TEE-SHIRTS...
Sans parler de la déforestation que ça implique, mais ça, si vous aviez lu les pages d'avant, vous l'auriez compris !

ET POUR FINIR, ÉPUISEMENT DES ÉNERGIES FOSSILES.
Bon, les mecs, cette fois vous ne remontez pas sans rien !
Ya plus rien, chef !
PARCE QUE QUAND ON AURA FINI D'EXTRAIRE TOUS LES MINERAIS RARES DU SOL COMME LE COBALT, PAR EXEMPLE...
BAH, COMMENT QU'ON FERA DES SMARTPHONES ?
Meuf, j'ai un NOKIA 3310...
... 100 balles.
OUI, TOUT ÇA, ÇA PUE LE MOISI.
À CE RYTHME, LES OCÉANS SERONT MORTS D'ICI À 2050.
Oui ! Ça craint, ça urge ! Et une seule conclusion s'impose...
NOUS SOMMES DANS L'OBLIGATION LA PLUS URGENTE DE CHANGER DE MODE DE VIE... DE MANIÈRE IMMÉDIATE.
ALORS, COMMENT FAIRE, ME DIREZ-VOUS ?
En changeant nos modes de vie.
À notre niveau, à la maison.
Seul ou en famille.

BEUAHH HH!!
Les DÉCHETS, le plastique, toussa...
LE SAVIEZ-VOUS ? TOUS LES ANS IL Y A 8 MILLIONS DE TONNES DE DÉCHETS QUI SONT REJETÉS DANS LES OCÉANS.
File-moi les clés de ton récif, mec. Bientôt, moi et mes potes on sera plus nombreux que toi, c'est la loi du plus fort !
C'EST 200 KG DE DÉCHETS CHAQUE SECONDE. OUAIS, ÇA FAIT FLIPPER, HEIN ?
LA CHINE, LE VIETNAM, LES PHILIPPINES, L'INDONÉSIE ET LA THAÏLANDE DÉVERSENT À EUX SEULS 4 MILLIONS DE TONNES CHAQUE ANNÉE.
Fichtre ! Mais c'est la moitié !
PARCE QU'ILS N'ONT PAS OU PEU DE SYSTÈMES DE TRAITEMENT DES DÉCHETS.
ET SURTOUT PARCE QU'ILS PRODUISENT TOUT CE QUE NOUS, OCCIDENTAUX, NOUS CONSOMMONS !
ÉTATS UN
FRANCE
ROYAUME UNI
ITALIE
À PARTIR DU MOMENT OÙ UN PLASTIQUE EST PRODUIT, UNE PARTIE IRA FORCÉMENT DANS L'ÉCOSYSTÈME.
PLASTIQUE
PAR LE CONSOMMATEUR...
PAR LES INDUSTRIELS (PARCE QU'IL Y A DES PERTES DANS LA FABRICATION, LE TRANSPORT...).

Produit antifroissage, on s'évite le fer à la maison, TOP !
SANS PARLER DES DÉCHETS INVISIBLES COMME LES PRODUITS TOXIQUES.
EN FRANCE, CHAQUE ANNÉE, CHAQUE HABITANT PRODUIT ENVIRON 390 KG D'ORDURES MÉNAGÈRES.
Chéri ! T'as sorti les poubelles ?
590 KG AVEC LES DÉCHETS ET OBJETS DÉPOSÉS EN DÉCHETTERIE.
Attends, j'ai oublié les encombrants !
Chéri ? T'es où ?
À CÔTÉ DE ÇA, LA FRANCE PRODUIT 13,8 TONNES DE DÉCHETS DANS LES SECTEURS DE L'INDUSTRIE, L'AGRICULTURE ET LA CONSTRUCTION.
AVEC CES 13,8 TONNES, LE POIDS DES DÉCHETS LIÉS À NOTRE MODE DE VIE GLOBAL REPRÉSENTE 35 FOIS CELUI DE NOS DÉCHETS MÉNAGERS.
AH oui quand même ! Parce que moi je ne sors pas la poubelle toutes les minutes !
FRRR FRRR FRRR
TOUS NOS CHOIX SONT CRÉATEURS DE DÉCHETS QUI TOUS NE FINISSENT PAS FORCÉMENT DANS NOTRE POUBELLE.
AH OUAIS ?
ON LES APPELLE LES DÉCHETS CACHÉS.
PAR EXEMPLE : LA BROSSE À DENTS, OBJET PRESQUE ANODIN DE NOTRE QUOTIDIEN.
CHINE
FRANCE
poubelle
maison
SUPER
SUPER
SUPER
SUPER
ELLE NE PÈSE QUE 50 GRAMMES MAIS AURA GÉNÉRÉ 1,5 KG DE DÉCHETS CACHÉS À ELLE SEULE POUR SA FABRICATION, SON TRANSPORT, ETC.

MAIS SI ON RÉFLÉCHISSAIT 5 MINUTES ?
Rassurez-vous, ce n'est pas douloureux !
Maison
FABRICANT LOCAL
Recyclage
Compostage
CHOISIR UN OBJET DURABLE, FABRIQUÉ LOCALEMENT ET DE MANIÈRE ÉCOCONÇUE NE CHANGERA-T-IL PAS LA PARTIE CACHÉE DE CET ICEBERG DE DÉCHETS ?
CELA PARAÎTRAIT PRESQUE LOGIQUE, NON ?
Si. Ça l'est.
Arrêtez de me contredire.
C'est pénible.
AAAH, MAIS Y A LE RECYCLAGE, ME DIREZ-VOUS !
ABRACADABRA
LE RECYCLAGE DU PLASTIQUE, C'EST PAS SI FANTASTIQUE... EN FAIT.
Ah bon ?
Je suis hyper déçu !
Bah mince, je vais faire quoi comme tour maintenant !
ON PARLE SOUVENT DE L'ÉCONOMIE CIRCULAIRE ET DU MIRACLE DU RECYCLAGE COMME LA SOLUTION À TOUS NOS PROBLÈMES.
Recyclage
Simple, basique mais pas complet ...
EN RÉALITÉ CE SONT PLUTÔT DES BOUCLES QU'IL FAUDRAIT DESSINER.
Rajout de plastique neuf
Recyclage
Rajout de plastique neuf
Recyclage
Rajout de plastique neuf
Recyclage
Nouvelle bouteille (perte de qualité)
Nouvelle bouteille (encore moins bonne qualité)
Dernière bouteille (ne l'oublie pas au soleil !)
Poubelle car plus recyclable
Il faudra toujours fabriquer de nouveaux plastiques, même pour recycler. C'est pas demain que l'industrie du plastique arrêtera de bousiller notre planète !
LE RECYCLAGE DU PLASTIQUE, C'EST TOUT SAUF CIRCULAIRE ! AVEC LA PERTE DE QUALITÉ, ON PARLE PLUTÔT DE DOWNCYCLING OU DÉCYCLAGE.
SI ON VEUT RÉDUIRE LES DÉCHETS DE MANIÈRE GLOBALE, UNE SEULE SOLUTION, IL FAUT...
Adopter de nouveaux gestes !
gourde inox
RÉDUIRE, RÉDUIRE, RÉDUIRE !!!

ARRÊTONS DE CONSOMMER COMME DES MOUTONS ET RÉDUISONS.
BAH QUOI ? Je vois pas où est le mal de se faire plaisir !
CHOUCHOU ! Prends la CB ! On va au centre commercial !
Le Black Friday, c'est aujourd'hui. Alors GO ! CON SOM MEZ !
OUI, FACILE À DIRE… COMME NOTRE ÉCONOMIE EST BASÉE SUR LA CROISSANCE DONT LE MOTEUR PRINCIPAL EST NOTRE CONSOMMATION…
NAN mais nous on peut rien faire !
VA FALLOIR ARRÊTER D'ATTENDRE QUE LE CHANGEMENT VIENNE D'EN HAUT.
Hé, mais j'avais jamais vu qu'il y avait des vendeurs de légumes en dehors de SuperConso !
Mais y a un magasin qui vend du pain aussi !
Oui… C'est le marché des producteurs mon chéri. C'est pas vraiment nouveau…
Oh, regarde ! Là-bas ils vendent de la viande !
Y a même du fromage !
Ils ont bien fait de créer ça, c'est sympa !
L'ÉQUATION DEVIENT CLAIRE : JE CHANGE MES HABITUDES DE CONSOMMATION AU QUOTIDIEN ET JE DEVIENS UN VRAI ACTEUR DU CHANGEMENT GLOBAL.
SUPER CONSO
HEY ! LES GARS ?
MAINTENANT, IL S'AGIRAIT DE NE PAS DE LE FAIRE TOUT SEUL !
IL FAUT AUSSI AGIR EN COLLECTIF LOCAL : MARAÎCHAGE, CIRCUITS COURTS, PRODUCTION CITOYENNE D'ÉNERGIE RENOUVELABLE, TRANSPORTS COLLECTIFS, ETC.
BIO
LOCAL
BIM !
COMME ON DIT, PLUS ON EST DE FOUS, MOINS Y A DE RIZ !
Hum, hum… Je me dois de faire au moins un jeu de mots embarrassant ! Une blague à papa…
Bisous, papa !

Eh Ouais ! Ça calme, hein ?
C'est pourtant pas nouveau !
Déjà dans les années 2000, on parlait développement durable...
... ramassage des déchets, écologie...
Rappelons-nous.

SOUVENIRS, SOUVENIRS...
QUAND ON ÉTAIT JEUNES... ATTENTION, JE N'ENTENDS PAS PAR LÀ QU'ON EST DES VIEUX CROÛTONS AUJOURD'HUI...
Ah non, pas si jeune !
QUAND ON ÉTAIT PLUS JEUNES ET QU'ON N'AVAIT PAS D'ENFANTS, ON TRAVAILLAIT POUR UNE ASSO QUI S'OCCUPAIT DE SENSIBILISER LES GENS À L'ÉCOLOGIE EN MONTAGNE.
Vu qu'il n'y a personne, je vais rider 5 minutes.
INFO DÉCHETS
ON EXPLIQUAIT AUX SKIEURS LES DÉCHETS, LA POLLUTION, TOUSSA...
C'est intéressant votre truc, mais là j'ai aquaski... enfin, j'ai pas le temps quoi !
MAMAN ? Ma pomme Prout est vide, tu en as une autre ?
LA PLUPART DU TEMPS, LES GENS N'ÉTAIENT PAS FORCÉMENT TRÈS RÉCEPTIFS... À CE MOMENT-LÀ ET À CET ENDROIT PRÉCIS...
Qu'est-ce que vous pensez de la récup d'urine humaine pour se laver les cheveux ?
LES RARES QUI S'INTÉRESSAIENT À NOS HISTOIRES ÉTAIENT DÉJÀ... COMMENT DIRE... INVESTIS ? MOTIVÉS ?... SOYONS FRANCS : ACQUIS À LA CAUSE !
123
ON ÉTAIT PRÊTS À TOUS LES SACRIFICES POUR ATTIRER L'ATTENTION DES SKIEURS SUR CE SUJET MAJEUR !
MAIS BON, TOUS LES ÉTÉS, QUAND ON MONTAIT RAMASSER LES DÉCHETS SOUS LES TÉLÉSIÈGES, C'ÉTAIT TOUJOURS LA MÊME QUANTITÉ DE MERDE QUE L'ON TROUVAIT.
Non mais sérieusement ?! Il est pas tombé du télésiège, celui-là !
Nos explications étaient plutôt simples pourtant !

TENEZ, PRENEZ UN MÉGOT QUI TOMBE ACCIDENTELLEMENT DANS LA NEIGE...
CE MÉGOT VA SE DÉGRADER DANS LA NEIGE ET POLLUER, PAR TOUTES LES SALOPERIES QUI SONT DEDANS, 1M^3 DE NEIGE AUTOUR DE LUI.
SAUF QUE, QUAND LA NEIGE FOND... BIN, ELLE SE TRANSFORME EN EAU ET S'INFILTRE DANS LES SOLS.
BAH!
NOTRE JOLIE HERBE VERTE GOÛT NICOTINE POUSSE DONC DÉSORMAIS SUR CETTE TERRE. LA VACHE MANGE L'HERBE...
ET AU FINAL (POUR VOUS LA FAIRE SIMPLE), C'EST NOUS QUI MANGEONS LA VACHE !
Pour mâdâme, steak de Nicotine des Alpages sur son lit de particules de plastique.
Et on peut faire la même démonstration avec l'eau qui s'infiltre dans les sols et rejoint les rivières !
Et pour môssieur, filet de dorade du grand large égayé de ses filaments de filtres de mégots sauce goudron.
ET HOP ! DIRECTION TOUT DROIT L'OCÉAN.

VOYAGE À DOMICILE

ON A RÊVÉ DE PARTAGER CETTE PASSION DES VOYAGES EN FAMILLE.
L'AFRIQUE
NOS COUSINS L'AVAIENT BIEN FAIT, EUX, PARTIR 7 ANS À TRAVERS LE MONDE SUR UN VOILIER AVEC LEURS DEUX ENFANTS DE 4 ET 7 ANS.
ALORS POURQUOI PAS NOUS ?
TEST NUMÉRO 1, PRISE DE RISQUES MINIMUM, « RENDRE VISITE À MA SŒUR EN SUÈDE PENDANT 3 JOURS ».
PAS LA MER À BOIRE, ME DIREZ-VOUS. ALORS COMMENT DIRE ?
BEUAHHHH!!
OUI, HURLER PENDANT 3H SANS S'ARRÊTER, ÇA EXISTE. ET COMME DE PAR HASARD, C'EST POUR MA GUEULE.
Madame ? Vous désire un café o un thé ?
BEUAHHHHHH!!
LES GENS ONT ÉTÉ PLUTÔT COOLS. MOI J'AURAIS DEMANDÉ À CE QU'ON ME DESCENDE EN SOUTE.

BIEN ENTENDU, LE RETOUR FUT UN COPIER-COLLER DE L'ALLER. POURQUOI FAIRE SIMPLE QUAND ON PEUT FAIRE CHIER ?
BEUAHHHH !!!...
BEUHAAHH !!!!
SANS PARLER DU SÉJOUR SUR PLACE, JE NE M'ENDORS QUE DANS TES BRAS...
JE REFUSE DE MANGER...
No Way
JE BALANCE NONO SUR LA ROUTE...
Bla Bla Bla Bla Bla Bla Bla Bla Bla Bla Bla
...
BEUAHHH
QUI SAIT SI NUMÉRO 2 NE SERA PAS PIRE !!!
OUIN OUIN OUIN OUIN OUIN OUIN OUIN OUIN
BEUAHHH
AU FINAL, JE ME VOYAIS MAL ME TAPER UN TOUR DU MONDE DE LA CHIALE.
0 ABONNÉ
JE VOIS DÉJÀ LE BLOG DE LA FAMILLE PLEURNICHE, PAS SÛR QU'ON AURAIT EU DU SUCCÈS !

Mais quand on y réfléchit de plus près, l'aventure, c'est quoi ?
EST-CE QUE C'EST FORCÉMENT QUELQUE CHOSE QUI SE VIT LOIN DE CHEZ SOI ?
EST-CE QU'ON NE POURRAIT PAS VIVRE DES TRUCS DE OUF ENTRE LA CUISINE ET LA SALLE DE BAINS ?
Je peux savoir ce que vous faites ?
On campe ! 72H sous la table !
UN VOYAGE, C'EST QUOI ? DÉCOUVRIR UNE AUTRE CULTURE, DES NOUVEAUX CODES, APPRENDRE ET TROUVER DES SOLUTIONS POUR S'ÉPANOUIR ET SE SENTIR BIEN DANS CE NOUVEL ENVIRONNEMENT.
SORTIR DE SA ZONE DE CONFORT.
CETTE IDÉE ME TROTTAIT DANS LA TÊTE DEPUIS UN MOMENT MAIS JE NE SAVAIS PAS VRAIMENT COMMENT LA METTRE EN SCÈNE.
HAN ! TROP bien !
C'EST UN JOUR QUE JE ME BALADAIS SUR LES BLOGS DE GENS « FOUS » QUE TOUT PRIT SENS.
UN MEC AVAIT FAIT LE PARI DE PASSER UN AN SANS CONSOMMER D'HUILE DE PALME.
Et ça ?
Non.
Ça ?
Non plus.
Celui-là ?
Nope.
Et ?
NAN.
Ouais, c'est chiant, hein !
Ah bah heureusement pour toi, y en a pas dans la bière !
IL RACONTAIT COMMENT LES GENS LE PRENAIENT POUR UN TARÉ ET COMMENT IL AVAIT DÛ PASSER DES SOIRÉES CHEZ DES POTES SANS RIEN MANGER PARCE QU'EN EFFET, L'HUILE DE PALME, BEN Y EN A PARTOUT !

CETTE IDÉE ME PARAISSAIT AUSSI DÉBILE QU'IMPOSSIBLE MAIS SUBTILEMENT GÉNIALISSIME.
Concrètement, se créer des problèmes pour trouver des solutions !
Nous allions nous lancer dans une aventure familiale, nous mettre des bâtons dans les roues !
Tu crois que je peux parler de ta mère ?
UN PROJET PERSO RIEN QU'À NOUS, JÉRÉMIE ÉCRIRAIT AVEC SES MOTS, SES FAUTES ET SES GROS MOTS ET MOI JE DESSINERAIS COMME J'AI ENVIE.
(PARCE QU'ÉVIDEMMENT AUCUN GROS MOT NE VIENT DE MOI !!)
PERSONNE POUR TE DIRE « IL VAUDRAIT MIEUX QUE LE PERSONNAGE SOIT PLUS SOURIANT, PAS DE MOTIF SUR LE TEE-SHIRT, VOUS NE VOULEZ PAS PLUTÔT DESSINER UN CHAT ? GNIAGNIAGNIA... »
LIBRES !!
Cool...
Et on fait quoi ?
AH ouais, j'avais pas pensé à ça...
NOUS ÉTIONS PRÊTS À VIVRE L'AVENTURE COMME UN JEU ET UN DÉFI, BREF, UN GRAND VOYAGE INTÉRIEUR.
PRÊTS... SANS SAVOIR VRAIMENT POUR QUOI.
On pourrait faire un an sans sucre ?
Ouais, pas mal... mais bon, depuis qu'on s'est lancés dans le paléo, on n'en est pas loin. Le défi est pas hyper grand.
Ah Ouais, merde.

Non mais franchement? Tu sais quoi? Ça me pète les ovaires de sortir les poubelles!
...
Oh oui bon ça va! ... De TE regarder les sortir!
Non mais c'est vrai! On rabâche à tout le monde de pas jeter les déchets par terre!
Eh bé, on n'a qu'à arrêter de produire des déchets pendant un an!
Carrément!
Tope là, meuf!
Ou NO Poubelle! On s'appellerait ZéRoDéchet Family!
Ou la Famille ZéRoDéchet!
Heuu... Et on fait quoi concrètement?

Bah on n'est pas dans la merde !
On n'a qu'à vider la poubelle pour commencer.
Bon... techniquement tu sais que cette bâche est grave un déchet ?
On commence bien.
On n'a qu'à commencer par la cuisine vu que visiblement c'est la moitié de notre poubelle !
Ah ouais cool !
Bon... par contre tu me nettoies ça, c'est dégueulasse !

On a décidé de ne plus produire de déchets.
IL FALLAIT INTÉGRER LES ENFANTS À CETTE AVENTURE.
Pourquoi ?
ILS SONT L'AVENIR DE CE MONDE...
Eh bien parce que les déchets, ça pollue.
NOUS NE LEUR LÉGUONS PAS LA TERRE...
Pourquoi ?
NOUS LA LEUR LOUONS.
Parce qu'ils ne sont pas naturels et qu'on en produit trop.
Pourquoi ?
C'EST NOTRE RÔLE DE PARENTS DE BIEN LES INFORMER.
RHOOO!!! Mais parce que ! Ça abîme la planète, voilà !
NOUS NOUS DEVONS D'ÊTRE CLAIRS ET PRÉCIS.
Ah OK !
Nous on veut pas abîmer la planète.
Du coup, on va arrêter d'acheter du plastique et des produits emballés.
PLANTER DES GRAINES AUJOURD'HUI...
OUAIS !! TROP COOL ! On va plus abîmer la planète !
Cool ! On peut aller au DoMac après ?
POUR FAIRE LES MILITANTS DE DEMAIN.

Bon, maintenant qu'on a analysé la poubelle, y a plus qu'à !
Ouais... hm...
NOUS ALLIONS DEVOIR RÉINVENTER NOTRE QUOTIDIEN,
JE SAIS ! Trop facile ! On n'a qu'à remplacer tous les aliments avec un emballage plastique par d'autres avec un emballage recyclable !
CHANGER CE QUI JUSQU'ALORS NOUS SEMBLAIT NORMAL...
Qui a dit que faire du Zéro Déchet était compliqué ? Les pâtes dans du carton, le riz aussi, toutes les farines et ainsi de suite...
NOS HABITUDES !!
REGARDE ! La poubelle a déjà été considérablement réduite !
Hmm... Ouais, pas mal...
Mais je pense qu'on a juste déplacé le problème en fait.
PAPIER
CARTON
VERRE
TOUT EST UNE QUESTION DE LOGIQUE...
Et le recyclage, c'est pas si fantastique, ça consomme énormément d'énergie pour beaucoup de pertes de matière.
DE DOSAGE...
Ah ouais, merde... En plus ça prend grave de place, c'est chiant.
D'ÉQUILIBRE...
Eh bé ! On n'a qu'à tout acheter sans emballage !!
ET DE CHOIX JUDICIEUX.

Acheter en vrac, acheter en vrac... J'en ai de bonnes idées des fois... Ambiance dans les rayons!
NOUS SOMMES SI PETITS FACE AUX GÉANTS DE L'INDUSTRIE.
Y A QUE DAL QUE JE PEUX ACHETER!!
DES FOURMIS...
Maman? On peut acheter des yaourts?
DE TOUT PETITS MICROBES...
DES POUSSIÈRES...
Non.
On peut acheter des chocos?
NON.
Des bonbons?
NON.
Des gâteaux?
NON.
Des...
NON MAIS ATTENDEZ... QU'EST-CE QUE JE RACONTE ?
STOP!
Temps mort!
Vous vous rappelez ce qu'on a dit à la maison?
OK ON EST PETITS... MAIS ON EST DES COLIBRIS...
Oui!! Qu'on n'achèterait plus de plastique pour pas abîmer la planète!
...OUI, PARFAITEMENT ! DAVID CONTRE GOLIATH ! TREMBLE, INDUSTRIE, NOUS NE TE CRAIGNONS PAS !

BON... Prenons ces liégeois, par exemple.
MÊME PAS PEUR !
Est-ce qu'on peut les acheter ?
Heuuuu... NON ?
ON S'EN VA DEVENIR UNE ARMÉE DE FOURMIS, OUAIS !
Et pourquoi ?
Parce qu'il y a du plastique !!!
ON VA PAS SE LAISSER FAIRE, NON MAIS !
OUI ! Très bien ! Alors si on ne peut pas l'acheter, on peut le... le... ? le...
Heu ? Le fabriquer ?
LA RÉVOLUTION COMMENCE PAR SOI-MÊME.
VOILÀ ! On va rentrer à la maison et faire ces putains de chocolats liégeois nous-mêmes !
Cool !
UNE RÉVOLUTION SILENCIEUSE...
Non mais... C'est pas une vulgaire recette qui va me faire peur.
RECETTE
QUI EMBARQUERA AVEC ELLE LE PLUS GRAND NOMBRE DE FAMILLES.
Heu... hein ?
POUR QUE LE COLIBRI SE TRANSFORME EN MILLIERS DE COLIBRIS.
BEUUHHH !! Il est tout liquide !
Il a un goût chelou aussi.
Oui bin peut-être ! Mais ils sont zéro Déchet ! Et c'était trop cool à faire !
Baaah !
MAIS BON, AVANT DE CRÉER UNE ARMÉE PACIFIQUE, IL VA FALLOIR PRENDRE QUELQUES COURS DE CUISINE...

Je crois qu'il est clair que notre première idée de remplacer les emballages non recyclables par du recyclable avait des conséquences que nous ne soupçonnions pas...
Tri

Comme on peut plus acheter d'emballages, il va bien falloir trouver de nouvelles solutions !
On va pas non plus s'arrêter de manger !
Vu que le fromager de Over-Conso me met mon fromage dans un sac plastique, il ne verra pas de différence à me le servir directement dans ma boîte !
COURAGEUSE, LE CŒUR VAILLANT, ME DIRIGEANT VERS LE RAYON...
FROMAG
LUTTANT CONTRE MA TIMIDITÉ ET MON STRESS...
ENFIN ! QUI DIRAIT NON À UNE INTENTION SI PURE ?
Bonjour ! Vous pouvez me mettre mon fromage dans ma boîte, s'il vous plaît ?
À UNE SI NOBLE CAUSE ?
AH NON !
Question d'hygiène et par rapport au fait que c'est pas hygiénique.
Mais... ?
NON ! C'est un papier et un sachet plastique pour chaque fromage, dans un sac plastique avec une étiquette plastique !
Man mais... encore des Connards d'écolos !

Comment tu aimerais réagir ...
AH OUI ??!
Et bien entendu, vous êtes en capacité de me montrer les textes de loi stipulant que c'est une règle immuable que vous ne venez pas d'inventer à l'instant ?
Et vous pouvez également me prouver que votre sac plastique de MAIRDE là est plus propre que ma boîte en verre ? Bien évidemment !
...
Vous allez me servir sinon j'appelle le boss et sachez que jamais plus je ne foutrai un pied chez vous ! Le client est roi et j'ai des droits, mon petit monsieur !
Je suis une blogueuse influente moi, monsieur ! SUIS-JE ASSEZ CLAIRE ?!!
...
Qu'est-ce-que je vous sers, madame ?
TADAA !!
En théorie ...

VISIBLEMENT LA NOBLE CAUSE N'A PAS ENCORE ATTEINT TOUT LE MONDE...

QUAND ON FAIT DU ZÉRO DÉCHET, CE N'EST PAS QUE POUR SOI QU'ON LE FAIT...
OVER-CONSO
ON SE LANCE AUSSI ET SURTOUT POUR NOS ENFANTS...
BAH! Y a que des merdes dans ce magasin!
ILS SONT L'AVENIR, LA RELÈVE.
PUTAIN! Tout ce plastique c'est vraiment à chier grave!
NOUS NOUS DEVONS D'ÊTRE UN MODÈLE POUR EUX.
C'est quoi ce langage? On parle correctement! C'est pas en causant comme des taulards que vous ferez évoluer le monde!
LEUR MONTRER LE CHEMIN À PRENDRE...
PAS DE SAC! merci!!
C'est O BLI GA TOIRE madame.
EN GARDANT UNE LIGNE DE CONDUITE EXEMPLAIRE...
PUTAIN DE BORDEL, de cul de pompe à merde! Vous vous foutez de ma gueule? C'est QUOI ces règles complètement teubées? Z'avez rien d'autre à branler? sans déconner...

JE SENS QUE J'AI VRAIMENT PRIS EN MATURITÉ...

Petit à petit, on a commencé à trouver notre système.
NAN Plutôt crever !
À FORCE DE SE FAIRE REFOULER AVEC NOS BOÎTES AU FROMAGE À LA COUPE...
OU D'AVOIR LA NAUSÉE EN TRAVERSANT LES RAYONS DES GRANDES SURFACES...
ON A FINI PAR COMPRENDRE QUE LA PREMIÈRE ÉTAPE ÉTAIT FINALEMENT DE DÉSERTER LES SUPERMARCHÉS.
OVER-MARCHÉ
On s'est rendu compte qu'il était très difficile de sortir d'un système qu'on connaît bien, qui nous sécurise, de la routine quoi !
ON S'EST ALORS RENDUS DANS LES PETITS COMMERCES DE PROXIMITÉ...
Vous m'en direz des nouvelles !
Et c'est un nouveau monde qui s'est ouvert à nous !
Bonjour Jean-Chelmi !
UN MONDE OÙ L'ON CONNAÎT LE PRÉNOM DE SON COMMERÇANT, DE SON FILS, DE SON CHAT...
Vous avez vu le dernier épisode de "Game of Thrones" ? Incroyable !
OÙ CELUI-CI A DU TEMPS POUR DISCUTER, DÉCOUVRIR DES PRODUITS... BREF, DU TEMPS POUR VOUS !

ON A TROUVÉ PLEIN DE SOLUTIONS ADAPTÉES À NOTRE DÉMARCHE.
S'il te plaîîîtttt!!! Tu le mets dans ma boîte ?
stoplé stoplé stoplé !
...
stoplé.
ET SI LES SOLUTIONS N'EXISTAIENT PAS ENCORE, GRÂCE À UNE COMBINAISON SECRÈTE, MAGIQUE ET INÉDITE : LA COMMUNICATION, LA DISCUSSION ET LA BIENVEILLANCE (AVEC UN PETIT SOURIRE, C'EST ENCORE PLUS RADICAL), ON A MÊME TROUVÉ DES PERSONNES PRÊTES À EN TROUVER AVEC NOUS.
Mince !! J'ai oublié mes boîtes ! Comment on va faire ?
ARG !!
Damned !
C'EST À SE DEMANDER COMMENT ON FAISAIT AVANT !
TOUS CES MOMENTS RELOUS À FAIRE LES COURSES, À ERRER COMME DES MORTS-VIVANTS DANS DES GALERIES COMMERCIALES FROIDES ET SANS ÂME...
Beahhh
AAAAHHHH !! Des lentilles en vrac !! Trop le KIIFFEE !!
SE SONT TRANSFORMÉS EN MOMENTS DE PLAISIR...
ET ACTION !
Bonjour monsieur l'épicier !
OUI, JE SAIS, DIT COMME ÇA, ON SE CROIRAIT DANS UN MAUVAIS ÉPISODE DE... « L'AMOUR EST DANS L'ÉPICERIE DU QUARTIER » SUR M6.
ON A UN PEU L'IMPRESSION DE DÉCOUVRIR UNE NOUVELLE CULTURE, DE CHANGER DE LANGUE...
Sans papier
SANS PA PIER
No papel por favor...
Je vous la mets directement dans votre sac ?
« RENDEZ-VOUS EN TERRE INCONNUE » OÙ FRÉDÉRIC LOPEZ SERAIT TON MARAÎCHER JUSTE À CÔTÉ DE CHEZ TOI, MAIS SANS PARTIR NULLE PART.

Bon ! La cuisine, c'est une chose, mais qu'en est-il de la salle de bains ?
AH ! Là c'est pas pareil ! Comment on va faire pour se passer de dentifrice ?
On va quand même pas arrêter de se laver les dents !
Putaindebordelaqueue ! Regarde-moi ce placard qui dégueule !
C'est quoi tout ça ? Crème corps, crème visage, shampoing, après-shampoing masque, crème pailletée, crème mains...
Oh bah, je sais plus... Des cadeaux qu'on m'a faits, des trucs dont je me sers plus, des échantillons que j'ai gardés, des produits d'avance en cas de guerre nucléaire demain...
C'est périmé en plus tes trucs ! C'est ouf ! Ça fait 10 ans que c'est là tes machins !
Au final, on se sert de quoi ?
Heu bin... la crème hydratante, le savon, le shampoing, le dentifrice et le démaquillant.

On n'a plus le choix ! Si on veut tout ça sans emballage, on va devoir le fabriquer nous-mêmes !
On a bien réussi à faire nos produits d'entretien, y a pas de raison qu'on n'arrive pas à faire ceux de l'hygiène !
Oh ! Mais y a plein de recettes sur Internet !
QUOI ?? Pourquoi tu me regardes comme ça ?
Heu... Pour rien...
OUUFFF!!! Il en reste !!
Shamp

OH, LA BONNE IDÉE...

QUAND ON AVANCE DANS LE ZÉRO DÉCHET, ON SE REND VITE COMPTE QUE FAIRE TOUT SOI-MÊME EST UNE VRAIE SOLUTION FACE AUX DÉCHETS DES EMBALLAGES PAR EXEMPLE.

ON AVAIT DE QUOI ÊTRE FIERS DE NOUS, RIEN NE NOUS SEMBLAIT IMPOSSIBLE...

Donne-moi ça, je vais le laver.
GNNN
ON SE SENTAIT PRÊTS À TOUT...
Tu vois ? Je rajoute un peu de percarbonate dans la machine et il sortira comme neuf !
MÊME PAS PEUR !
idée basse conso
HAN!! MAIS J'AI UNE IDÉE!!
ET QUAND SOUFFLE LE VENT DE L'INSPIRATION...
ENFANT!!! Ta mère est un GÉNIE!!
DE LA MODESTIE ...
DIANTRE! Mais comment personne n'y a pensé avant ?
DE L'EUPHORIE LA PLUS TOTALE...
Tu vois, fils... je rajoute du percarbonate dans la machine pour ravoir les taches. Mais comme je n'ai pas qu'un physique... je me suis dit que je gagnerais du temps si je le mettais directement dans ma recette de lessive !
NOUS ALLIONS TOUT RÉVOLUTIONNER, INONDER LE MONDE DE NOTRE GÉNIE !

Plop Plop Plop
plop plop
...
?
TOUT ÉTAIT À NOTRE PORTÉE ET DEVENAIT POSSIBLE...
gros PLOP
C'est maman ! Elle a eu une idée que personne n'avait eue avant !
Hin Hin
... On se demande bien pourquoi...
OU PAS...
MA DE MOI SELLE MORET ! Il semble évident pour tous que vous n'avez aucune aptitude ou compétence en chimie... Pour le BIEN de TOUS, je vous recommande vivement de choisir une autre voie... N'importe laquelle mais une autre !
FEU
CE JOUR-LÀ, LES MOTS DE MON PROF DE CHIMIE EN 6e PRIRENT TOUT LEUR SENS...

JOURNAL
INFO
POLITIQUE
TROUVÉ !
8 lettres...
ESCARPIN
Trop ouf la meuf !
MOTS FLÉCHÉS
Bon...
Il ne faut pas non plus abuser de mon génie...
Oh my God, oh my God, oh my God, oh my God !!

TAPTAP TAP
Allô, Jérémie! C'est horrible! Elle a disparu!
J'ai cherché PAR TOUT!!!
Tu crois que je l'ai "avalée"? Heu enfin aspirée...
NAN! Je ne dis pas de la merde! Si ça se trouve, c'est possible! Tu sais pas d'abord!
Je fais quoi? J'ai peur...
MAIS NON ENFIN! Je vais pas appeler les pompiers!!!
T'imagines le malaise?
Allôôô, les pompiers? Vous pouvez venir? Mon col de l'utérus a visiblement aspiré ma cup...
Et pourquoi pas les flics pour disparition suspecte de cup tant qu'à faire?

Non, je ne m'énerve pas ! Je suis très calme... Je pense que je m'en souviendrais si je l'avais enlevée !
Mais merci pour ton aide, hein ! Je vais peut-être MOURIR et toi tu te marres !
Michel, arrête avec le PQ !
Pfff... On peut vraiment compter sur personne !
Si tu fais pipi sur la cuvette je la lave avec ta brosse à dents.
PCHiii
Non mais sérieux ! On demande de l'aide, on croit qu'on va être comprise... et que dalle ! grmlmlemn...
...
Allôôôô ? Mon chéri ? Hin hin, Ha ha... Tu vas rire !
JE VAIS EN ENTENDRE PARLER LONGTEMPS, JE LE SENS...

VIDAGE

PASCAL
PIA
MICHEL
L'UNE DES PHASES INÉVITABLES DANS LA DÉMARCHE DE RÉDUCTION DES DÉCHETS, C'EST LE DÉSENCOMBREMENT !
Bon, on va trier pour faire un vide-grenier.
OUAiiiS!
C'EST L'ÉTAPE PRIMORDIALE POUR AVANCER.
Je pourrai garder les sous ?
Vous allez faire deux cartons...
... un pour ce que vous vendez et l'autre pour ce que vous voulez garder.
À VENDRE
ON GARDE
NOUS SOMMES ENVAHIS PAR LES OBJETS...
Rhalàlà... Moi aussi j'ai 50 tee-shirts alors que je n'en porte que quatre...
ET SOYONS HONNÊTES, NOUS N'EN AVONS PAS BESOIN !

DÉSENCOMBRER EST UNE VRAIE SOLUTION...
Et BiiiM! À donner!
À DONNER
C'est bon? Vous avez terminé?
Yep!
JEUX
ON GARDE
À VENDRE
REMETTRE SUR LE MARCHÉ D'OCCASION CE QUI DORT DANS LES PLACARDS...
MAIS? Y a presque rien dans le carton à vendre!
SE SÉPARER DU SUPERFLU...
Et c'est quoi ça? C'est cassé en plus!
Bah oui! C'est pour ça qu'on ne veut pas le garder. T'en poses des questions toi...
ET PARTAGER LES RESSOURCES.
LE PLACARD DE BÉNÉ
C'EST AUSSI L'OCCASION DE SORTIR DU SYSTÈME...
DE CETTE (SUR) CONSOMMATION!

On peut savoir ce que tu es en train de faire?
Heu...
À DONNER
ON SE SENT TOUS CONCERNÉS...
HA HA HA... Je mets tes chaussures dans un carton pour désencombrer le placard!
TOUS PRÊTS À METTRE LA MAIN À LA PÂTE...
Jésus, Marie, Joseph! Désencombrer? As-tu donc perdu l'esprit?
Mais non! Regarde celles-là, elles sont super vieilles! Tu peux t'en débarrasser!
TAILLER DANS LA MASSE, TRIER...
Elles ne sont PAS VIEILLES MAIS VINTAGE!!!
Nuance...
NE LAISSER ALORS QUE L'ESSENTIEL...
Va donc désencombrer la vaisselle dans l'évier!
Non mais... Vieilles! On aura tout entendu!
Pfff...
LE NÉCESSAIRE... L'ESSENCE VITALE...
BLAAAM
ÇA FAIT RESSORTIR LE MEILLEUR DE NOUS ET ÇA RAPPROCHE.

ENCORE UNE VICTOIRE DE CANARD

DU LOURD...

LE LENDEMAIN...

Coucou! On a apporté tout plein de trucs super bons, pour le goûter!
Oh, merci Clem! Fallait pas...
Dans "super bons" entendez : tout plein de cochonneries emballées dans du plastique.
POUR DES RAISONS DE RESPECT DES AUTRES...
GOÛTEEER!!!...
Oh! T'as fait plein de gâteaux!
ET SURTOUT POUR PAS S'EMBROUILLER AVEC TOUT LE MONDE...
Bon... Je repars avec mon goûter alors? T'es sûre?
oui oui oui
ON A CHOISI DE NE PAS PARLER FORCÉMENT DE NOTRE DÉMARCHE AUTOUR DE NOUS.
Le mercredi suivant
Salut! Je ne suis pas venue avec le goûter vu que tu me le rends à chaque fois!
FINALEMENT LES AMIS ONT COMMENCÉ À SE RENDRE COMPTE QUE QUELQUE CHOSE AVAIT CHANGÉ.
Par contre, je t'ai apporté du sucre et des oeufs pour que tu me fasses des gâteaux!
SUCRE
CERTAINS ONT CHOISI DE NOUS SUIVRE...
Nan parce que pour être tout à fait honnête, ils défoncent grave tes cookies à côté des chocos de Super-Conso!
COOKIEEES!!!

TOUT FOUT LE CAMP

LE BON DOSAGE

SE LANCER DANS L'AVENTURE ZÉRO DÉCHET,
C'EST VOIR LE MONDE AVEC DE NOUVEAUX YEUX.
NOTRE ESPRIT EST PLUS VIF,
PLUS ALERTE...
CAPABLE DE DÉJOUER LES STRATAGÈMES
DE NOTRE SOCIÉTÉ DE CONSOMMATION...
-10%
ET ON SAIT POURQUOI.
Sûrement pas, non ... loin ... transport ... enfants qui travaillent ... inutile ... moche.
Nanani, nanana...
DÉSORMAIS, LA PUBLICITÉ NE NOUS PREND PLUS DANS SES FILETS,
POUR NOUS ATTIRER VERS DES FUTILITÉS...
Pfff

REVENIR À L'ESSENTIEL, RESTER COHÉRENTS TOUT EN EXPLIQUANT CALMEMENT AUX ENFANTS...
Steupléééé, pitié, pitié pitiéééé!
Hiiiii!
SE DÉTACHER DES BIENS MATÉRIELS ET ARRÊTER DE SURCONSOMMER SANS BESOIN RÉEL...
NAN!
C'EST UNE QUESTION DE PRINCIPE.
LE PLUS IMPORTANT DANS LE ZÉRO DÉCHET, C'EST L'UNION.
Pssi pssi pssi!..
Hin Hin Hin!
pfff!
QUAND ON EST TOUS SUR LA MÊME LONGUEUR D'ONDE...
MAIN DANS LA MAIN...

ON EST PLUS FORTS POUR FAIRE FACE À TOUTES LES TENTATIONS ET REPOUSSER LES LIMITES DU ZÉRO DÉCHET.

PRESSING
BONJOUR ! Je voudrais faire laver ma couette, mon chat a fait pipi dessus.
BAAAH !! Vous auriez pu la mettre dans une poche plastique !
Heu, oui mais non en fait. Je n'en ai pas...
Et vous n'avez pas de sac-poubelle ?
Même pas ! En fait, nous n'avons plus de plastique chez nous !
AH OUI ?! Et vous les mettez où vos déchets ? On peut savoir ?
Je n'en ai pas ! Nous sommes une famille Zéro Déchet !
AH AH ! Vous m'en direz tant ! Allons bon ! On me l'avait jamais faite, celle-là !

ET ÇA C'EST QUOI HEIN ? C'EST PAS UN DÉCHET PEUT-ÊTRE ?
Heu, bin... non. Les anciens mettaient bien le linge sale dans des draps noués...
N'IMPORTE QUOI ! C'EST DÉGUEULASSE ! On aura tout vu !
Et la dame a une voiture, je présume ?
J'AI TOUJOURS ADORÉ QU'ON PARLE DE MOI À LA TROISIÈME PERSONNE...
Alors écoute-moi bien, pauvre conne ! C'est pas parce que toi, tu consommes du plastique à tour de bras et que t'en as rien à carrer de la planète qu'il faut venir saper le moral de ceux qui essayent. Alors, tu vas fermer ta grande gueule et me laver ma couette en m'épargnant tes commentaires, OKAY ?!!
Bon... Ça, c'est ce que j'aurais bien aimé lui répondre. Mais dans la vraie vie...
PARFOIS LE SILENCE EST D'OR !
...
Elle récupère sa couette le 21, ça lui fera 30 €...

QUAND ON N'A PAS DE TÊTE… ON A DES BRAS !

Y A PAS MOYEN…

LA PETITE MAISON DANS LA PRAIRIE

NOUS ALLIONS DONC TESTER L'AVENTURE TINY HOUSE, VIVRE DANS UN HABITAT RÉDUIT À SON MINIMUM.

VOILÀ DE QUOI TESTER NOS LIMITES.

UN QUOTIDIEN RUDE PARFOIS, SURTOUT PAR TEMPS DE PLUIE.

Ce soir, le camping organise une soirée tapas, apéro gratuit pour tous les résidents !
ACCUEIL
SUPPORTER LA PROMISCUITÉ, ON A PERDU L'HABITUDE À FORCE DE RESTER CHACUN CHEZ SOI.
J'ai mis votre linge dans le sèche-linge ! Votre machine avait fini de tourner.
Oh, cool, merci !
DÉCOUVRIR LA MUTUALISATION DES BIENS COMMUNS...
Vous voulez un verre de vin avec vos tapas ?
Ouiiii !
C'EST UN PEU UN RETOUR AUX VALEURS SIMPLES...
Bonjour messieurs dames ! Cours de Yoga piscine gratuit si vous voulez ?
N'Y PENSE MÊME PAS...
SE CONTENTER DU MINIMUM...
BREF... CE FUT DIFFICILE POUR TOUS MAIS NOTRE FORCE ET NOTRE VOLONTÉ ONT EU RAISON DE L'ADVERSITÉ.
Maman ? Je crois qu'on a oublié d'aller à l'école !
PARFOIS IL FAUT SAVOIR FAIRE DES SACRIFICES !!

Vous connaissez l'expression : "On ne choisit pas sa famille" ?
Ouais, hein ?
On se demande bien qui l'a inventée...

SANS RANCUNE

C'EST CADEAU !

Hm hm... Mes parents arrivent dans 1 heure...
HEINNN?! Tu les as briefés, cette fois, j'espère?
Mheu ouii t'inquiète!
Tu te rappelles la dernière fois?
BONJOUR MES CHÉRIS!
PAPOU, MAYOU!
Mes chéris, je vous ai apporté des cadeaux!
YOUPPPI!!
Ouéé
Maman! Je t'avais dit qu'on faisait du Zéro Déchet!
Sans emballage plastique!
AH Oui? C'est cool, merci Mayou!
Mais? Où est-ce que tu as réussi à trouver des Lego neufs sans sachet plastique dedans?

Tiens ! Je t'ai apporté de quoi manger aussi...
...
Ha ha ha !
Oui, eh bien comme ça tu ne les as pas dans ta poubelle !
T'es toujours Zéro Déchet !
MAYOU 69

Bonjour ! Nous voudrions des pommes. Houlà, vous avez beaucoup de choix.
C'est quoi la différence ?
Celles-là, elles viennent d'Espagne en culture intensive à grand renfort de pesticides.
AH non, en fait on voudrait plutôt du naturel.
AH, je vois... des écolos !
Heu, oui... plutôt en effet !
Et Zéro Déchet ! Donc si on pouvait éviter le bio emballé, ça serait parfait !
...
Bon...

Vous avez les pommes bio qui viennent de Pologne et qui sont importées en camion, sinon, vous avez les locales mais pas bio en culture raisonnée et livrées en camion, vous avez aussi des locales bio mais vendues dans du plastique. Vous pouvez aussi prendre les pommes d'Espagne avec produits chimiques mais vendues en vrac. Les locales pas raisonnées mais livrées à vélo et les bio sous serres chauffées mais à moins de 100Km, il y a celles de mon jardin mais moi j'y fous du glyphosate pour tuer les bestioles, j'aime pas les bestioles. Y a Michel aussi qui vend les pommes de son jardin, lui, elles sont bio et sans emballage mais par contre elles sont moches, pas du tout calibrées... et puis Michel c'est un gland...
Vous prenez quoi ?

NON, NON ! ÇA VA !
ON EST VRAIMENT GAGNANTS SUR TOUTE LA LIGNE AVEC LE ZÉRO DÉCHET.
COMME ON DÉSERTE LES SUPERMARCHÉS ET LEURS PRODUITS INDUSTRIELS...
ON RETROUVE LE VRAI GOÛT DES CHOSES...
DING DONG
SALUT ! On a fait un gâteau salé pour l'apéro !
DES SAVEURS AUTHENTIQUES...
SUPER ! ÇA ira nickel avec les chips et les olives !
DE LA NOURRITURE SAINE...
DES CHIPS ?!?!
ÇA MET VRAIMENT DU BAUME AU MORAL.
ON SE SENT EN MEILLEURE SANTÉ...
CROUIPS CRAC CRONCH CROUNCH CROUCH CHROUIPS CROUPS
SANS AUCUN MANQUE NI AUCUNE FRUSTRATION !

EH OH ! ÇA SUFFIT !
TOUT EST TELLEMENT MEILLEUR QU'ON NE SE SENT PAS FRUSTRÉS...
ALLEZ JOUER !!
LA MALBOUFFE, C'EST DERRIÈRE NOUS.
Hin hin... On va mettre le bol dans la cuisine ! Hin hin...
Sinon il va pas faire 5 minutes !
DU PASSÉ...
OUBLIÉ...
CROUPS CRIPS CHROUNCH CRAC CROC
Faut les excuser, ça fait 8 mois qu'on ne mange plus de chips !
...
ZZZZZZ
QUE DU BONHEUR, JE VOUS DIS.

NI PUTE, NI SOUMISE

QUOI L'ÉGALITÉ ??
NOUS, LES FEMMES, SOMMES PERSÉCUTÉES DEPUIS DES DÉCENNIES PAR LES HOMMES...
Bondieudebordeldemerde mais c'est pas possible !!
con...
LA DETTE EST LOURDE ET LE CHEMIN EST LONG AVANT QU'ILS NE SE FASSENT PARDONNER.
Et ÇA en fait partie !
Parfaitement !
Bon ça va C'est moi qui sors le compost !
EH OUI... IL Y A DES CHOSES GRAVES AVEC LESQUELLES IL NE FAUT VRAIMENT PAS PLAISANTER.
Non mais sans déconner !

DRIIII DRIIII !
MOUIIIAALLÔÔÔ?
Uuuiii bonjooouun ! Je m'appelle Anaïs, je suis éditrice et j'adore ce que vous faites !
...
Éditrice ?
Hmmmm... On va réfléchir, on vous rappelle plus tard, merci.
He bé? Tu racontes ou bien?
C'était les éditions Thierry Souccar, elles voudraient qu'on écrive et illustre un livre sur le Zéro Déchet...
...
...
...

clac
clac
clac
clac
clac
clac
clac
clac
clac
clac
Oui, Amaïs ? Bon... après avoir très calmement réfléchi et pesé le pour et le contre, on pense modestement pouvoir vous dire OUI !
hm hum
TIENS, C'EST DRÔLE... NOËL TOMBE AU PRINTEMPS CETTE ANNÉE.

POUR LE MEILLEUR ET POUR LE PIRE

Oh et puis franchement vous abusez !
Elles ne sont pas si dégueu, ces croquettes !
Regardez le chat sur la boîte ! Il a l'air super content, lui, de bouffer des croquettes dans une boîte en carton !
Pfff... pire que les gosses !
CROQUETTES CRALIN
Ils sont sérieux là ?
Ils pensent vraiment nous faire avaler ces croquettes moisies ?
Non mais sans déconner ?
T'inquiète, Michel, je les laisserai pas faire.
On va aller chier sur leur lit, tiens !
J'aime pas les orangs-outans, qu'ils crèvent !
Pascal, c'est quoi un orang-outan ?
Ça se mange ?
J'ai peur.

AU SUIVANT...

À force de raconter notre aventure sur notre blog, nous nous sommes mis à traverser la France pour faire des conférences.
RACONTER NOTRE EXPÉRIENCE...
ZÉRO DÉCHET
ZÉRO DÉCHET
ET DONNER DES CONSEILS À CEUX QUI N'ONT PAS LE TEMPS DE CHERCHER DES RÉPONSES.
ZE POUBELLE en 2014

NAVIGUER DE GARE EN GARE... BAH OUAIS, ON VA PAS PRENDRE L'AVION NON PLUS, RESTONS COHÉRENTS !
TROUVER UN SYSTÈME ZD MÊME PENDANT LES TRAJETS...
Tu veux un café ?
PARCE QUE LA VIE NE S'ARRÊTE PAS.
Bonjour ! Je peux avoir deux cafés directement dans mes tasses ?
IL FAUT CONTINUER DE MANGER ET DE BOIRE.
Mé !...
À CHAQUE FOIS RECOMMENCER...
Gobelet plastique
CONVAINCRE DE L'UTILITÉ DE RÉDUIRE LE PLASTIQUE...
5 euros.
ÇA NOUS PERMET DE MESURER UN PEU LA TEMPÉRATURE...
Touillette ?
Heu... non.
DE VOIR OÙ LE RESTE DU MONDE EN EST...
SUIVANT !
ET S'IL EST PRÊT POUR LA TRANSITION...

LANGAGE NON VERBAL

BORDEL À CHATTES ! Mais tu vas arrêter, MICHEL ?!!
On a dit grève de la faim pour qu'ils nous rendent nos croquettes "cra-cra" et bye-bye les croquettes bio saines et en vrac !
Chuis désolé... j'peux pas... j'ai pas de réserves, je vais pas survivre...
Michel... On a décidé ça il y a 45 minutes...
Et puis c'est pas si mauvais si tu mâches pas.
T'es la honte de toute la félinité !
Vraiment...

Je suis rentré !!!
?
Bennnééééé ?!!!
Mouiiiii
C'est quoi tout ça ?
Mééé !!!
T'es parti longtemps...
Mais enfin ?! Je ne suis parti que 3 jours !

Bah oui ! Mais j'ai rien pu faire !
J'ai préparé le repas et le compost était plein...
J'ai dû en faire un second...
Normal...
Juste en attendant que tu rentres...
Mais sur ce, Dia est arrivé et BIM ! Il a voulu une tarte aux poireaux.
Et là c'est le drame ! Tout s'enchaîne !
Mali me réclame une compote de pommes.
Le deuxième compost était déjà plein !!
Après, je ne me souviens plus très bien...
J'ai perdu le contrôle.

ENTIERMENNAZE
UN JOUR UNE COPINE M'A ENVOYÉE LUI ACHETER UN TRUC TOUT POURRI, GENRE PAS DU TOUT ZD, EMBALLÉ DANS UN MAGNIFIQUE BLISTER PLASTIQUE...
ÇA M'A FAIT GRAVE CHIER, MAIS COMME C'ÉTAIT PAS POUR MOI, J'Y SUIS QUAND MÊME ALLÉE.
Pfff...
LISTE DE TRUCS MOISIS
ÇA FAIT UN MOMENT QU'ON NE VA PLUS TROP EN SUPERMARCHÉ ET À CHAQUE FOIS JE FLIPPE GRAVE DE CROISER QUELQU'UN.
EH ! Vous ne seriez pas madame Zéro Déchet ?
DOSETTES CAFÉ USAGE UNIQUE
PAS BIEN !
PAS RECYCLABLE
LE PROBLÈME, C'EST QUE LES GENS CONSIDÈRENT UN INSTANT UNIQUE COMME UNE GÉNÉRALITÉ.
J'adore ce que vous faites ! Vous cherchez quoi ?
Je peux aider ?
hhh
MAIS L'IMPORTANT, C'EST CE QU'ON FAIT VRAIMENT, LE REGARD DES AUTRES IMPORTE PEU.
AH AH AH !!! Oh Oh... Rien, rien ! Je ramassais cette boîte qui était tombée par terre.
Hin hin, lol... J'allais pas l'acheter, hein... Non, non.
PAS ÉCOLO du tout
DÉCHET

ASSUMER SES CHOIX, SAVOIR CE QUE L'ON VAUT ET GARDER LA TÊTE HAUTE.

PRENDRE RACINE

QUAND TA POUBELLE PREND RACINE PARCE QUE TU AS DE MOINS EN MOINS DE CHOSES À METTRE DEDANS... VA FALLOIR SONGER À ACHETER DES SACS PLUS PETITS !

FAUT PAS TOUT MÉLANGER

BON OK, L'INTENTION LUDIQUE DE DÉPART DE FAIRE AIMER SES NOUVELLES CROQUETTES À MICHEL ÉTAIT TOUT À FAIT LOUABLE... MAIS IL FAUDRA SANS DOUTE RAPPELER LA NOTION DE GASPILLAGE À UN MOMENT DONNÉ.

ET C'EST DÉJÀ PAS MAL...

POURQUOI DIT-ON QUE LES ENFANTS SONT DIFFICILES ?

TRAÎTRE

MICHEL? Qu'est-ce qu'il a, ton poil?
Il est doux...
Dense...
Soyeux...
Et quelle brillance!
HAN! Michel! Qu'est-ce que t'as fait?
Mais rien!
Promis...
HAANNN!! T'as encore été manger les croquettes bio! BORDEL, c'est pas possible! On est des chats enfin! On se doit d'être CONTRE le changement! Tout changement est MAUVAIS!

OUAiiiSSS!!!
On va bientôt aller chercher les oeufs!
PÂQUES ARRIVANT À GRANDE VITESSE, NOUS ALLIONS DEVOIR REDOUBLER D'IMAGINATION.
IMPOSSIBLE DE LAISSER DES MILLIERS DE PAPIERS ALU ET AUTRES EMBALLAGES DE CHOCOLAT ARRIVER DANS NOTRE BOCAL !
Les enfants, cette année, le lapin de Pâques nous a donné une mission importante!
? ?
ET RISQUER DE HEURTER LEUR SENSIBILITÉ VOIRE MÊME DE CRÉER UN TRAUMATISME POUR TOUTE LEUR VIE.
Il nous a demandé de ramasser des cailloux et de les décorer pour lui!
SANS PARLER DE LA PROVENANCE DU CACAO ET DES DÉCHETS CACHÉS PROVOQUÉS PAR LE CHOCOLAT INDUSTRIEL.
IL NOUS FALLAIT LÀ ENCORE SORTIR DES HABITUDES ET DES COUTUMES.
OUAiiiiSS!!
Regarde celui-là! On dirait un crabe!
Han trop cool!
LES ENFANTS SONT TOUJOURS PARTANTS.
J'ai fait un Michel!
Tada!
ON SE REND COMPTE QUE FINALEMENT QUELLE QUE SOIT L'HISTOIRE QU'ON LEUR RACONTE...

Regarde !! J'ai fait un CAFARD !
AH AH ! C'est trop laid !
ILS ACCEPTENT TOUT DU MOMENT QU'ILS PASSENT UN BON MOMENT ET NOUS AUSSI.
LEUR CRÉDULITÉ EN EST PRESQUE TOUCHANTE.
Et voilà ! On va laisser le panier sur la terrasse.
Et le lapin de Pâques va passer pendant la nuit !
TROP BIEN !
MAMAN ! Le lapin, il a volé nos cailloux de Pâques !
Mais non enfin ! Il les a cachés dans le jardin !
OUAÏIIS !! TROP BIENNN !!
Maman !? Tu viens nous aider à trouver les oeufs ? J'y arrive pas !
NAN ! Je bois mon café ! Démerdez-vous !
QUEL BONHEUR DE CRÉER CES MOMENTS DE PARTAGE EN FAMILLE !

On a ramassé tous les cailloux !
BRAVO ! On va vous les échanger contre du chocolat !
Heu... On peut pas plutôt garder les cailloux ?
... Heu, si vous voulez...
YES !
Je les cache et tu les retrouves, après, on échange !
Ouais ! Carrément !
LES ENFANTS ONT PASSÉ LA JOURNÉE À SE CACHER ET RECACHER LES CAILLOUX.
Tu reveux un peu de chocolat ?
NON SEULEMENT ON A EU UNE PAIX ROYALE MAIS EN PLUS ILS N'ONT PAS VOULU LE CHOCOLAT. MAIS IL N'A PAS ÉTÉ PERDU POUR TOUT LE MONDE !

PROUXIT

PAPAAA !!
Qu'est-ce que c'est que cette horreur ?
Les enfants ont attrapé des poux à l'école et moi j'ai attrapé ceux des enfants...
IL Y A DES CHOSES QUE JE ME SERAIS BIEN ÉPARGNÉ DE REVIVRE...
RAAAAAH !!!! Mais comment on va faire ?
MAIS LA VIE A VOULU QUE J'AIE COMME ON DIT « UNE TÊTE À POUX »...
On va quand même pas acheter un produit cracra qui pue à la pharmacie ?
ET C'EST TOUS LES TRAUMAS DU PASSÉ QUI RESSORTENT...
NAAAANNN !!! T'inquiète ! J'ai la recette miracle !
LES PRODUITS QUI PUENT ET QUI PIQUENT...
Huile de neem, huile de coco, huile essentielle de lavande et pas mal d'huile de coude !
AH oui ! Et un bon gros dessin animé d'1h30 minimum...
J'en ai encore un !
bloutoul

Maman ?!!
Mouiii ? mon ti minou ?
J'ai une idée ! On pourrait acheter un petit singe pour qu'il enlève nos poux !
Hummm... Bonne idée, mais qui c'est qui enlèverait les poux du petit singe ?
AH OUÉ merde !
...
JE SAIS!!! On n'a qu'à adopter deux petits singes !
HEUREUSEMENT QUE LES TECHNIQUES ÉVOLUENT !

LES TRAUMAS NE SONT VISIBLEMENT PAS LES MÊMES POUR TOUS...

LABEL MERDE

Maman ? On peut acheter ces gâteaux ?
Ah non, ma chérie ! Regarde, il n'y a pas le label BIO.
Ah _
Ça veut dire quoi label Bio ?
Ça veut dire que c'est un produit issu de l'agriculture biologique.
...
En gros, il n'y a pas de merde dedans.
AHHH !
...
Je comprends pas.
C'est pas plutôt sur la merde qu'on devrait écrire merde ?

Ça y est ! Voilà 1 an qu'on s'est mis au ZéRo Déchet !
C'était une année pleine d'aventures...
... de rebondissements.
Bon... On fait quoi maintenant ?
On arrête ? ou on continue ?
Alors... laisse-moi réfléchir...
OPTION 1
Ouaaiiiis ! C'est fini !! On peut recommencer à consommer comme des connards !
Retourner manger des tomates sous plastique sans goût...
... et faire la queue au supermarché le samedi matin !

Oui, en effet,
ça fait rêver...
Je crois qu'on est pris au piège maintenant...
Voués à acheter bio local en vrac et de saison tout le reste de notre vie !
ET TOUT ÇA POUR QUOI ?
Pour réduire notre budget de 20 % ?
Pour avoir une maison vidée de tout plastique ?
Pour ne plus avoir de produits toxiques sur notre peau et dans nos assiettes ?
Pour que TU ne sortes les poubelles qu'une fois par an ?
Sans blague !
Ouais...
C'est pas une vie ça.
Non, non non...

C'est un rêve ! Joyeux anniversaire !

ON PEUT TOUJOURS RÊVER

PARFOIS LE BONHEUR SE RÉSUME À DES CHOSES SIMPLES...

TRUE LIFE

GRAT GRAT
Merci pour votre livre ! Ma fille vous trouve trop belle dans vos dessins !
Elle demande si vous êtes comme ça en vrai.

MAIS ABSOLUMENT !!
TAP TAP
Toujours au top de la glamour attitude, la meuf ! En tout temps et à toute heure !

LA COQUILLE

J'ai faim, maman !
On va manger une crêpe ? ♡
Je vais prendre une orange pressée, comme ça, il n'y a pas de plastique !
Et sans paille, s'il vous plaît !
OH ! Regarde le panneau !
"Aidez-nous à préserver l'environnement." C'est bon ça !
On peut avoir un supplément chantilly dans un bol pas en plastique, s'il vous plaît ?
Mais bien entendu ! On vous apporte tout ça !

C'est bien ! On ne va pas faire de déchets pour le goûter même si on n'est pas à la maison.
Et voici une crêpe chocolat et une au caramel beurre salé !
Avec le supplément chantilly !
Hiiii !! MAMAN ! Comment on va faire ?
On… On leur rend ?
BAH, on peut pas, ma chérie ! Ils vont la jeter à la poubelle !
Pfff…

Je vais avoir l'air fin moi maintenant en conférence avec une cuillère fluo dans mon bocal ?!
Ouais, je sais... On a merdé...

FRANCHEMENT, ON SE SERA BIEN MARRÉS PENDANT TOUTE CETTE AVENTURE. MÊME SI JE VOUS AI RACONTÉ PAS MAL DE « RATÉS », LA PLUPART DU TEMPS C'ÉTAIT CARRÉMENT COOL ! ON NE REGRETTE RIEN, PAS UNE SEULE CHOSE, ET EN PLUS LES RÉSULTATS SONT LÀ !
CONCRÈTEMENT, LA PREMIÈRE ANNÉE DE NOTRE DÉMARCHE ZÉRO DÉCHET, NOUS AVONS RÉDUIT NOS DÉCHETS DE 390 KG ANNUELS À 25 KG !
25 Kg
AVANT
APRÈS
Soit une réduction de 90% ! Trop ouf !
FAIRE DU ZÉRO DÉCHET N'EST PAS UNE LUBIE D'ÉCOLO, ÇA VAUT VRAIMENT LE COUP POUR LE CLIMAT ET NOTRE ÉCOSYSTÈME ET LES HOMMES !
ICI, CHEZ NOUS ET LÀ-BAS, DANS LES PAYS DU SUD...
NOUS AVONS DÉCOUVERT UN NOUVEAU MODE DE VIE PLUS SAIN ET PLUS DURABLE.
On va pouvoir se payer des vacances !!
ET NOUS AVONS RÉDUIT NOTRE CONSOMMATION DE 20 % !
BAH OUI, EN ARRÊTANT DE CONSOMMER, ON FAIT DES ÉCONOMIES !!!
Mémé, tu peux me passer l'ordi, s'il te plaît ?
Ouais, 2 secondes, je finis de poster ma recette sur Insta !
L'ÉCOLOGIE, CE N'EST PAS REVENIR À LA BOUGIE. MOI J'AIME DIRE QUE C'EST APPRENDRE DE NOS GRANDS-PARENTS TOUT EN VIVANT AVEC NOTRE TEMPS. BAH NON, ON NE VA PAS LAVER NOTRE LINGE À LA MAIN !

MAIS CLAIREMENT, SI TOUT LE MONDE SE METTAIT AU ZÉRO DÉCHET DEMAIN, ON POURRAIT SANS DOUTE RALENTIR LE RÉCHAUFFEMENT CLIMATIQUE ET OFFRIR À NOS ENFANTS UN MONDE QUI NE SOIT PAS EN MODE DESTRUCTION.
Notre Maison
CERTAINS VERRONT TROP DE CONTRAINTES À CE MODE DE VIE, ILS DIRONT...
OH LÀ LÀ ! Mais c'est trop compliqué ! Il faut du temps, c'est trop dur ! Nanani, nanana...
Mais qu'est-ce qui est compliqué ? D'aller chez le fromager au lieu d'aller en grande surface ?
NON, JE NE CROIS PAS. JE VOUS ENTENDS D'ICI...
OH LÀ LÀ ! Mais c'est plus cher !! Nanani, nanana...
AH mais oui c'est plus cher !
CAR LA QUALITÉ A UN PRIX ! ET AU LIEU DE FAIRE PAYER LA PLANÈTE, NOTRE SANTÉ ET LES GÉNÉRATIONS FUTURES, MOI, JE PRÉFÈRE CONSOMMER UN PEU MOINS MAIS MIEUX !!
mééé.
pesticides OGM chimie ...
Parce que si on y réfléchit bien... Pourquoi les produits industriels sont-ils moins chers ?
Déjà parce qu'ils sont composés d'aliments à bas prix de mauvaise qualité, produits dans des conditions extrêmes de rentabilité (pesticides, OGM, produits chimiques toxiques...).
De plus, les conditions de travail sont déplorables et les producteurs vendent souvent à perte à cause des marges scandaleuses des grands groupes agroalimentaires.

SERRES CHAUFFÉES EN PLEIN HIVER...
TRANSPORT OU ÉLEVAGE DANS DES CONDITIONS DOUTEUSES (TOUT DÉPEND DE QUEL ALIMENT ON PARLE)...
Monoculture
Pesticides
OGM
Élevages intensifs
Antibiotiques
Maltraitance animale
...
Serres chauffées
Travail des sans-papiers esclaves
CETTE RÉDUCTION DE TARIF, C'EST NOTRE PLANÈTE QUI EN PAYE LE PRIX, ET DONC AU FINAL C'EST NOUS.
CAR PERSONNE D'AUTRE QUE NOUS NE SOUFFRIRA DE LA DESTRUCTION DE NOTRE NATURE.
AAHHH
Ça repousse !
OUI, PARFAITEMENT, LA NATURE, ELLE, ELLE S'EN FOUT. QUAND ON AURA DISPARU, ELLE POURRA SE RÉGÉNÉRER. MAIS POUR NOUS ÇA SERA TERMINÉ.
IL EST GRAND TEMPS QUE CHACUN PRENNE SES RESPONSABILITÉS.
SORRY
Mesdames, Messieurs il faut relancer la croissance et CON SOM MER !
lobby
NOUS DEVONS ARRÊTER D'ATTENDRE QUE L'ÉTAT OU LES INDUSTRIELS AGISSENT, CAR IL EST CLAIR QU'ILS N'ONT PAS GRAND INTÉRÊT À CE QUE ÇA CHANGE.
MAIS NOUS, NOUS POUVONS FAIRE QUELQUE CHOSE, À NOTRE NIVEAU...
CHACUN, SOYONS DES COLIBRIS, MÊME SI C'EST PAS TOUJOURS FACILE, L'IMPORTANT, C'EST DE FAIRE QUELQUE CHOSE... COMMENCER LE CHANGEMENT ET PASSER À L'ACTE.

SOYONS TOUS ACTEURS ET...

À MÉDITER...

ou presque...

ZE JEUX

LES DIFFÉRENCES

Eh ouais, en vrai, un Français consomme environ 390 kg de déchets par an...

LE LABYRINTHE

AIDE MINI BÉNÉDICTE À SORTIR DE LA MAISON SANS AVOIR À VIDER LE COMPOST !

LA DEVISE

RANGE LES SACS DU PLUS PETIT AU PLUS GRAND ET TU TROUVERAS MON GENTIL MESSAGE.

51	112	57	93	76	14	240	27	34	156	65	2	97	38	127	70	20	82
LE	DE	VER	CUL	GTS	EST	TRE	MPS	DE	MET	LES	IL	ET	S'EN	S'Y	DOI	TE	DU

LE VOMI

RETROUVE QUELLE MARQUE DE CROQUETTES EST LA CAUSE DU FLANBY DE MICHEL.

ZD ASTRO

PAR Mme IRMA VON ROZIER
& BLOUTOUF

Formée à de nombreuses pratiques divinatoires aux 4 coins du globe, du Laos aux Comores, en passant par Le Touquet, Mme Irma Von Rozier est d'une rigueur sans faille héritée de ses ancêtres allemands et maîtrise son art des prédictions à la perfection, sans doute du fait de son thème astral unique de Taureau ascendant Loutre qui lui donne ce petit soupçon de folie, à peine décelable dans ses écrits, comme vous allez le constater…

♒ Verseau

- DU 21 JANVIER AU 19 FÉVRIER -

Une vieille du quartier vous dira : « Il n'y a plus de saisons » en espérant avoir une conversation simple sur la météo. Vous lui expliquerez que c'est à cause du réchauffement climatique et qu'on « fonce dans le mur » avec notre politique écologique. Elle vous trouvera chiant, ce qui n'est jamais bon signe, quand ça vient d'une personne de 81 ans. Niveau cœur, du neuf ou de l'occasion, saisissez celui qui saura vous prendre ! Bon, attention quand même aux « vieux pots » dans lesquels certes on fait de bonnes soupes… mais vu votre cote de popularité auprès des « aînés » (oui, c'est le politiquement correct pour parler des personnes d'un certain âge et d'une substantielle expérience, d'ailleurs potentiellement intéressante dans ce domaine précis…!), vous ne devriez pas trop tenter le diable, en lui tirant la queue ou la langue, selon votre envie du moment… Oui, les goûts, les couleurs, tout ça…

NOTRE CONSEIL : Que tout cela ne vous empêche pas de toujours privilégier les bons vieux commerces locaux et dits de proximité, comme chez Fernande, votre boulangère joviale du coin de la rue. N'hésitez pas à acheter deux baguettes « pas trop cuites ». Et des « tradition », pas les basiques. Si Fernande vous demande si elle doit les couper, refusez tout net. Et recomptez bien la monnaie en partant. La dernière fois, elle a rendu 10 centimes de moins. C'est grâce à ce genre de petites magouilles qu'aujourd'hui elle a une nouvelle télé. Elle profite de sa situation parce que c'est la seule boulangerie dans le quartier, mais personne n'est dupe. Un vrai complot qui s'ourdit en silence mais «Complément d'enquête» ou Élise Lucet, voire les deux, sont sur le coup !! C'est le complot du monopole de la boulangerie unique... Une sale affaire, j'vous dis qu'ça !

♓ Poissons

- DU 20 FÉVRIER AU 20 MARS -

Pour vous détendre un peu et revenir aux sources de votre élément liquide de prédilection, vous vous ferez plaisir en vous payant une belle cure thermale. Vous y rencontrerez des retraités encore en forme, multi-propriétaires et qui ont arrêté de travailler à 60 ans, eux. Ils ont conservé leur fort pouvoir d'achat et passeront leurs journées à vous critiquer. Vous repartirez encore plus stressé qu'à votre arrivée.

Et ce sera sans compter l'épreuve quotidienne de la piscine. Si vous êtes bien foutu, certains vous prendront pour cible et tenteront de vous accoster bien lourdement (des quinquas ou pire des sexas bien lourdauds car ils mangent trop gras, trop sucré, trop salé). Si vous n'êtes pas terrible physiquement et parfaitement lucide sur ce point, l'épreuve de la piscine est déjà assez difficile comme ça pour qu'on en rajoute. Pour vous faire du bien après l'une de ces difficiles journées thermales, en pleine canicule, par 35° à la Bourboule, vous vous offrirez une petite glace, mais les seuls goûts disponibles seront «tapenade» ou «gencives de porc». Comme vous vous serez fâché avec les vieilles de la cure qui demandent toujours à «ouvrir» ou «fermer» la lumière des vestiaires, vous en arriverez à vous demander d'où vient l'expression un «pâté de maisons». Vous n'en dormirez plus la nuit.

Vous serez aidé dans cette tâche par des armées de moustiques qui décideront de s'amuser avec vous. Ils voleront toute la nuit juste à côté de votre oreille sans vous piquer et joueront avec vos nerfs. Ils savent exactement quand se retirer pour que vous vous colliez vous-même des gifles. Quand ils seront finalement gorgés de votre sang, ils déserteront, avec l'impression du devoir accompli, vous laissant troué comme une passoire, exsangue, urticant et épuisé, cherchant toujours le pourquoi du comment des expressions incongrues de la langue française, en pensant qu'il vous reste encore 30 ans à bosser pour une retraite de misère et un état de santé à l'aube des 75 ans plus qu'approximatif... Bref, vous tomberez en dépression profonde !

NOTRE CONSEIL : Allez donc dans le sud de la France comme tout le monde en vacances, pour faire des heures d'embouteillage, avoir un micro mètre carré de sable pour votre serviette sur une plage noire de monde et d'enfants qui hurlent, et vous tremper 2 minutes dans une eau tiède pleine de plastiques flottants (et très certainement d'urine) au milieu de magnifiques jeunes gens aux corps sculptés comme des dieux et déesses grecs qui jouent au volley en vous éclaboussant... Votre moral ne pourra que mieux s'en porter...

♈ Bélier

- DU 21 MARS AU 20 AVRIL -

Votre année sera placée sous l'influence de Mars. De mars à marche, il n'y a qu'un pas que vous franchirez allègrement pour vous lancer enfin dans LA démarche expliquée de long en large dans ce livre. Si vous ne comprenez pas cette prédiction, recommencez le présent ouvrage à la page 1!
Côté cœur, lassé des échecs de vos relations passées, vous participerez à une émission de téléréalité pour rencontrer la personne de vos rêves : « Qui veut épouser mon fils de l'amour dans le noir de la tentation des chefs ? » Une célèbre émission où des chefs cuisiniers en couple ou célibataires se retrouvent sur une île non éclairée avec leurs parents et testent la solidité de leur couple ou essayent d'en construire un sans se voir mais en réalisant des plats exotiques. Bref, un vrai miroir des préoccupations premières de notre société moderne.

NOTRE CONSEIL : Pensez aux bottes! De pluie ou de neige, de paille ou de foin, de 7 lieues, du père Noël ou de Nevers, de poireaux ou d'asperges, elles seront à vos côtés toute l'année. Chaussez-les, déchaussez-les, mangez-les à toutes les sauces, mais bio, locales et de saison... Sachez en tirer parti!

♉ Taureau

- DU 21 AVRIL AU 20 MAI -

À quoi bon travailler quand on partage sa vie avec quelqu'un d'aussi fantastique que vous ? Vous vivrez donc d'amour et d'eau fraîche. Littéralement fraîche, car au bout de deux mois, électricité et gaz seront coupés dans votre appartement parce que vous aurez arrêté de payer les factures. En même temps, vous n'émettrez plus aucune émission de CO2, ce qui est excellent pour la planète...
La bonne nouvelle dans tout ça, c'est que l'eau froide, c'est génial pour la circulation sanguine. Vous serez solide comme jamais jusqu'à ce que vous mouriez d'une pneumonie aux alentours de mars (encore lui) après avoir réalisé que l'isolation de votre appartement est si faible que sans chauffage, la température intérieure est inférieure à celle de la rue. Comme quoi, on ne parle pas assez de l'importance de l'isolation dans les pertes d'énergie, non ?

NOTRE CONSEIL : Voici un précieux conseil quasiment écrit pour vous en 1988 par l'inénarrable et inestimable Pascaline MOURIER-CASILE. Celle-ci l'explique parfaitement et simplement : « Le repli humoral du sujet sur lui-même ainsi induit tient à distance non seulement le monde mais l'autre, qui, toujours supposé plus ou moins hostile, dangereux, n'est accepté que comme objet manipulable, corps dépeçable, être à dominer, au gré des fantasmes du désir. » Bref, soyez moins con et arrêtez de vous regarder le nombril, c'est pas comme ça que vous arriverez à pécho !

♊ Gémeaux

- DU 21 MAI AU 21 JUIN -

Comme tout bon Gémeaux qui se respecte, votre esprit sera encore cette année vif et rapide, mais vous ne réfléchissez toujours pas avant de parler. On peut dire que vous n'avez pas votre langue dans votre poche, mais on ne veut surtout pas savoir où elle se trouve précisément, nous n'aurons donc pas l'audace de vous demander de la tourner sept fois avant de parler.
D'ailleurs dans le même esprit fin et pas du tout mal tourné (c'est vous qui avez cru lire des trucs crapuleux juste au-dessus, nous on n'a pas du tout écrit ça dans ce sens biaisé… Relisez bien le dernier mot… on a bien écrit biaisé !), Mars et Vénus seront bien alignés pour vous cette année… pour ne pas dire étroitement liés, bibliquement serrés, bref, graveleusement chauds ces deux-là, deux vieux gros cochons… Enfin, on ne sait pas trop à quoi ça vous servira, mais s'il vous arrive quelque chose de bien, écrivez à la Famille ZD pour la remercier de ce bon présage.

NOTRE CONSEIL : Si vous voyez double, prenez rapidement rendez-vous chez l'ophtalmologue… enfin rapidement… rapidement… sous 6 mois en province et 2 ans dans la capitale. Du coup vous vous intéresserez à la pénurie de professionnels et spécialistes de la santé, et devant l'ampleur du phénomène au niveau national, vous vous mettrez à boire… ce qui n'arrangera en rien votre vision en double !

♋ Cancer

- DU 22 JUIN AU 22 JUILLET -

Votre année sera placée sous le signe du ϖ… On a beau chercher, nous non plus on ne sait pas trop ce que ça veut dire.

Sinon, l'oncle de la grand-mère du petit frère de votre sœur vous proposera un travail dans sa boîte alors que vous serez en galère. Vous deviendrez donc artisan. Quel beau métier l'artisanat ! Bref, vous serez forgeron spécialisé en tables en bronze massif et gagnerez très vite en renommée dans le secteur de la forge de tables bronzées. Vous finirez par vendre une table pour la modique somme de 778 451 € aux enchères et prendrez votre retraite à la fin de l'année.
Niveau santé, rien à signaler ! J'vous jure, on a bien cherché… rien !

NOTRE CONSEIL : À un son près, vous auriez pu être un concert… philharmonique, grandiose, spectaculaire, transportant les foules sur des mélodies féeriques et enchanteresses. Au lieu de ça, vous devenez un peu hypocondriaque mais on ne peut pas vraiment vous en vouloir !

♌ Lion

- DU 23 JUILLET AU 22 AOÛT -

Cette année sera synonyme de pensées originales, de rafales de créativité et de flambées de génie. Par contre, très important, ce n'est pas du tout l'année pour porter des vêtements inflammables, alors promenez-vous nu, ce sera plus sécuritaire, et puis avec une crinière comme la vôtre, vous ferez plus d'un jaloux… Ben oui, on n'a jamais vu un lion chauve, si ? Et on ne vous parle même pas des économies que vous allez réaliser, et votre impact sur la planète vestimentaire sera réduit à son plus simple appareil… De cette nouvelle vision épurée de la vie, vous découvrirez tout l'univers des naturistes, des nudistes, des nudiens… Cela influencera énormément votre mode de vie et vous vous interrogerez même sur votre mode d'alimentation. Vous, le plus grand prédateur de la savane, tout en haut de la chaîne alimentaire, vous envisagerez même de devenir flexitarien, végétarien, voire même vegan !!! Une année de dingue, quoi…

NOTRE CONSEIL : Par contre, cette année, vous rencontrerez le grand amour, l'unique, le vrai, le pur, le beau… Je le sais, j'en suis sûre : vous serez félins pour l'autre !

♍ Vierge

- DU 23 AOÛT AU 22 SEPTEMBRE -

Modestement modeste, raisonnablement raisonnable, judicieusement judicieux et adroitement adroit… le mot « chiant » n'aurait pas été inventé pour vous ? Et même les planètes s'en mêlent… Jupiter en opposition avec Mars dans votre champ astral : vous avez besoin de repos. Malheureusement, Pluton vient vous provoquer des insomnies pour rehausser son ego de minuscule planète naine. C'est vrai que vous savez mettre du piment dans votre vie, comme lorsque vous vous achèterez une nouvelle housse de couette chez Emmaüs en plein mois d'août ou que vous essayerez le saut à l'élastique… Heu, le jeu des cours d'école primaire, où les petites filles sautent autour, entre et au-dessus d'un élastique… Ben oui, pas LE saut à l'élastique…
Oh là là là, le seul fait d'avoir évoqué cette activité, vous avez la tête qui tourne, les jambes en guimauve et la rate au court-bouillon… Vous savez vivre à 100 à l'heure, c'est sûr !
Dans tous les cas, vous ne pourrez pas y échapper, c'est une certitude. À quoi ? Cessez de croire que je suis payée pour vous dire l'avenir et débrouillez-vous un peu tout seul, nom de drille de nom de zo (j'ai hésité avec nom de Dieu… celui-là m'a semblé plus approprié pour clore votre horoscope, puisqu'il ne veut rien dire…).

NOTRE CONSEIL : Face à votre manque flagrant de réaction en toute circonstance, Neptune vous conseille de passer votre chemin et de travailler votre tempérance et votre empathie… Par contre Mars vous conseille de systématiquement leur défoncer la gueule à ces gros bâtards !!! À vous de voir !

♎ Balance

- DU 23 SEPTEMBRE AU 22 OCTOBRE -

Toujours dans la mesure, la retenue, le recul sur les choses… Ah, c'est sûr, vous savez relativiser… Mais qu'est-ce que vous êtes relou ! À un moment donné, vous allez réellement vous mettre à reculer, faites gaffe… Bon, OK, dans la démarche ZD, on aime s'inspirer des bonnes idées du passé, mais allez là, un peu de vie, que diable ! La nuance, c'est chiant, personne ne vous l'a jamais dit ? Bon, ça devient pétillant à partir de cinquante (nuances, bien sûr)… mais vous en êtes bien loin…
Ce coup-ci, imposez votre style, bordel ! Surprenez tout le monde, prenez-les au débotté et assumez tout en bloc… Balance ton quoi ? Mais balancez tout, ne réfléchissez pas, sautez dans le vide et lâchez prise : on vous garantit un bien-être assuré !

NOTRE CONSEIL : Si vous êtes enceinte de presque 9 mois, les astres nous disent que vous devriez accoucher dans la semaine (« Mais c'est approximatif », a tenu à préciser Mercure qui veut toujours se couvrir).

♏ Scorpion

- DU 23 OCTOBRE AU 22 NOVEMBRE -

Signe de cailloux, les Scorpion font en général de très bons croque-morts. Vous avez la chaleur d'un serpent mort et la fantaisie d'un général lors d'un défilé du 14 juillet. Votre entourage pense que vous avez beaucoup de mal à montrer vos émotions et votre amour. Mais en fait, c'est que simplement vous ne ressentez rien. Vous avez un cœur de pierre et la tendresse d'un parpaing. Si vous avez des enfants, vendez-les ou louez-les à des personnes qui ne peuvent pas en avoir. C'est un business rentable, totalement Zéro Déchet, et, en plus, avouez que vous ne pouvez plus les supporter.

NOTRE CONSEIL : Attention, risque de maux de tête passagers pour ceux dont la femme aura acheté un fusil de chasse.

Sagittaire

- DU 23 NOVEMBRE AU 21 DÉCEMBRE -

Votre année sera placée sous l'influence du bleu. Du bleu ? Pourquoi du bleu ? Eh bien pourquoi pas, j'ai envie de vous dire ! Un peu cyan parfois, mais bon…
En amour c'est, comment dire… vous voyez le désert ? Le réchauffement climatique, toussa… Bon, maintenant, vous voyez votre vie sentimentale ? Imaginez un mélange des deux et ce sera votre année. Mais, mais, mais… fin de l'année prochaine (eh oui, nous voyons très, très loin votre avenir), en quittant le petit marché hebdomadaire sur la place principale de Bouc-Étourdi (si, si, ça existe, petit village pittoresque dans les Yvelines), avec vos deux filets de fruits et légumes bio d'un petit producteur du terroir, vous heurterez l'amour de votre vie qui vous aidera à ramasser vos courgettes pour que vos mains s'effleurent comme dans les films à la télé. Alors ne déprimez pas, la fin de l'année prochaine, ce n'est que dans un an.

NOTRE CONSEIL : Il faut absolument cesser de « s'agiter » ! Parce que pour un sage Sagittaire qui cesse de s'agiter, il s'agira de s'assagir… Oui, oui, c'est de moi, copyright exclusif et tous droits réservés à Mme Irma Von Rozier (entériné, validé et accepté par Bloutouf, cela va de soi !)

Capricorne

- DU 22 DÉCEMBRE AU 20 JANVIER -

Très impliqué dans la démarche ZD, vous n'achetez que de l'occasion. Le 30 février, vous ferez une belle affaire sur Le Bon Oinc en achetant un magnétoscope pour seulement 120 euros. En cadeau, vous aurez la VHS de « La Grande Vadrouille » (non rembobinée) : ça tombe bien, vous ne l'avez jamais vue (vous verrez un petit acteur très prometteur, un certain Louis de Quelquechose : nous lui assurons une belle carrière dans les années à venir, suivez-le de près !)
Vous ferez connaissance avec vos nouveaux voisins en étant convaincu qu'ils partagent vos valeurs ZD et prendrez finalement l'apéro chez ces bobos. Ils vous proposeront du vin « de notre petit caviste de quartier dont vous nous direz des nouvelles », évoqueront leurs derniers achats immobiliers à un taux défiant toute concurrence, tout en écoutant PNL et Booba. Ayez la courtoisie de vous éclipser pour aller vomir dans la rue.

NOTRE CONSEIL : Bon, vous devez absolument écrire une belle lettre d'excuse à cause de ce que vous savez. Tout le monde l'attend, cette lettre, alors appliquez-vous et magnez-vous !

ZE TEST

Suis-je ZÉRO DÉCHET ?

Être Zéro Déchet est devenu un terme bien à la mode depuis quelque temps. Mais à quel moment pouvons-nous dire que nous sommes ZD ? Alors je vous pose la question ! Faites-vous ce qu'il faut ou êtes-vous juste une image de ce qu'il faudrait ? En faisant ce test, le doute et les mensonges s'effaceront, vous saurez enfin quel Zéro Déchet vous êtes !

1 TU TE RENDS CHEZ LE BOUCHER POUR ACHETER DE LA VIANDE :

A Tu lui tends tes boîtes en verre fier et sûr de toi pour qu'il te mette la viande directement dedans. La confiance en soi, ça marche toujours dans ces cas-là !

B Pfff, tu vas pas chez le boucher, tu devrais lui adresser la parole, c'est complètement con. Alors que tu peux acheter directement une barquette sous vide au Super-Conso en même temps que ton « Paris Match » au rayon papeterie.

C Tu n'achètes ta viande qu'auprès du producteur directement : tu connais personnellement le fermier, et d'ailleurs la vache s'appelait ROSETTE et c'est toi-même qui lui as donné le coup de grâce !

D Tu lui demandes timide et gêné si la prochaine fois tu peux lui apporter ton propre emballage, en croisant les doigts derrière ton dos pour qu'il dise oui...

2 QUAND TES GAMINS VEULENT ALLER BOIRE UN VERRE AU CAFÉ :

A Tes enfants demandent leur consommation sans paille et toi t'as toujours (sauf quand tu les oublies) une ou deux pailles en inox dans ton sac.

B Tes enfants ne fréquentent pas (encore) les bars, mais tu as toujours sur toi une gourde en inox avec un jus de fruit bio, fait maison.

C Tu choisis toujours pour tes enfants un soda fermé avec une paille en tourbillon.

D Tu demandes s'il est possible de ne pas avoir de paille dans la boisson des enfants.

3 TU AS VU UNE MAGNIFIQUE PAIRE DE CHAUSSURES :

A AAAAAAhhhrrgggg, il te les faut absolument ! « Je vais les acheter sur Amazon, elles seront moins chères... et elles arriveront directement chez moi, en ayant fait le tour de la planète ! »

B AAAAAAhhhrrgggg, il te les faut absolument ! « Mais en ai-je vraiment besoin ?... »

C AAAAAAhhhrrgggg, il te les faut absolument ! « Je vais peut-être les trouver d'occasion sur le Bon Oinc... »

D AAAAAAhhhrrgggg, il te les faut absolument ! « Je vais les prendre tout de suite mais je demanderai à la boutique de garder tous les emballages. »

4 TU DÉCIDES D'ALLER PIQUE-NIQUER :

A On passera chez Domac mais on mangera tous nos burgers, frites, cocas et milk-shakes en plein air, c'est tellement plus sain !

B Tu prépares ton pique-nique mais te rends compte que tu n'as rien pour mettre le dessert. Tant pis pour cette partie-là, tu apportes des yaourts. Mais bon, les sandwichs sont quand même faits maison !

C Ni une ni deux, tu prépares des sandwichs maison que tu emballes dans tes bee-wraps fabriqués par tes soins, le tout dans des furoshikis, avec une gourde et des verres en inox.

D Tu achètes des sandwichs et autres mini quiches à la boulangerie que tu mets dans tes boîtes en inox offertes par la marque pour faire sa promo. Pareil pour la gourde.

5 DANS TES PLACARDS DE CUISINE, C'EST PLUTÔT :

A Des bocaux en récup de partout, en verre, en fer, en inox, remplis de toutes sortes d'aliments achetés en vrac.

B Il n'y a quasi rien, tout est immaculé, minimaliste, tout est unique et rien n'est en double. Quelques bocaux dans les placards étiquetés à l'ordinateur.

C Une chose est sûre, si la guerre est déclarée demain, toi t'es paré ! Tu tiendrais plusieurs années juste dans le placard de ta cuisine avec les stocks de bouffe que t'accumules, juste au cas où... Et ce n'est rien comparé à la pièce entière, attenante à la cuisine, que tu appelles « la réserve » !

D Un mixte entre la réserve industrielle et des débuts d'étagères de bocaux. Parfois du vrac et parfois tu as seulement vidé les paquets de l'indus dans les bocaux.

6 TES AMIS VIENNENT PRENDRE L'APÉRO CHEZ TOI ET APPORTENT DES PAQUETS DE CHIPS ET D'AUTRES COCHONNERIES INDUSTRIELLES EMBALLÉES DANS TOUT PLEIN DE PLASTIQUE :

A Ces déchets ne sont pas à toi ! C'est leurs choix, alors à eux d'assumer ! Tu manges leurs chips et tu leur dis de repartir avec leurs emballages.

B Tu les remercies et leur expliques que tu es dans une démarche de réduction des déchets. Tu leur suggères gentiment de ne rien apporter la prochaine fois ou quelque chose sans emballage.

C Mince, tu aurais bien aimé qu'ils évitent les déchets, mais bon, c'est un peu gênant de leur dire. Tu manges leurs trucs mais tu arrives quand même à placer dans la soirée un mot sur ta démarche et ta prise de conscience.

D Quoi ? Ils n'ont apporté qu'un seul paquet de chips ! Les rats !

7 TON ENFANT T'OFFRE UN COLLIER DE PÂTES POUR TON ANNIVERSAIRE :

A Merci mon chéri ! Il est très beau et en plus tu l'as fait toi-même avec juste de la récup, on peut dire que c'est un cadeau ZD !

B Merci mon chéri ! Il est très beau.

C Nan mais c'est quoi cette merde ? T'aurais pas pu passer chez H&M m'acheter un petit haut ?

D Mon enfant, c'est magnifique ! Néanmoins, je ne vais pas pouvoir le garder car nous sommes minimalistes et ce collier encombrerait mon cou !

8 LA DERNIÈRE FOIS QUE TU AS JETÉ UN TRUC DANS TA POUBELLE :

A C'était... il y a 27 secondes environ.

B Il y a trois jours ! C'est un nouveau record pour toi !

C Ça t'a bien saoulé parce que tu as mis un emballage de bonbon que le petit avait mangé en loucedé et caché sous son matelas...

D Je ne me souviens pas, ce devait sûrement être une simulation pour une prise de vue pour la télé.

9 TU MARCHES DANS LA RUE ET TU VOIS UN MEC OU UNE MEUF BALANCER SON EMBALLAGE DE PAQUET DE CIGARETTES PAR TERRE :

A Tu ramasses le paquet et lui fais remarquer que la rue n'est pas une poubelle (mais au fond t'as juste envie de l'attraper et de lui enfoncer son emballage bien au fond de… sa gorge).

B Bah ! C'est pas toi qui génèrerais des déchets comme ça ! Toi tu n'en as quasi plus ! Tu lui suggères de faire comme toi et de se mettre au ZD !

C Tu ne lui dis rien mais tu ramasses l'emballage et le jettes à la poubelle.

D Tu vas le voir et tu lui demandes où il a acheté ses clopes.

10 TU REÇOIS UNE FACTURE DES ORDURES MÉNAGÈRES ACCOMPAGNÉE DU CATALOGUE D'ENTIERMENCHIER :

A Tu te mets dans ton canapé avec un bon coca et une paille en plastique, à usage unique, et tu feuillettes tranquillement ton catalogue.

B « Ah, mais je ne vais sûrement pas payer pour les autres !!! Je ne produis quasi aucun déchet, je vais faire des réclamations ! » Et tu rapportes le catalogue au magasin.

C Tu te dis que c'est dommage que les gestes environnementaux ne soient pas récompensés ou encore que ceux qui exagèrent ne soient pas pénalisés. Après, ça te paraît normal quand même de participer aux impôts de la commune sur le traitement des déchets. Et au passage tu mets un stop pub sur ta boîte aux lettres et rapporte le catalogue chez Entiermenchier.

D Tu vas mettre un stop pub sur ta boîte aux lettres pour éviter l'arrivée de nouvelles pubs.

COMPTE LE NOMBRE DE SYMBOLES QUE TU AS.

BATMAN = Δ COLIBRI = ∞
IRON MAN = ✱ ZÉRO = Θ

Question 1 :	A = Δ,	B = Θ,	C = ✱,	D = ∞.
Question 2 :	A = Δ,	B = ✱,	C = Θ,	D = ∞.
Question 3 :	A = Θ,	B = Δ,	C = ∞,	D = ✱.
Question 4 :	A = Θ,	B = ∞,	C = Δ,	D = ✱.
Question 5 :	A = Δ,	B = ✱,	C = Θ,	D = ∞.
Question 6 :	A = ✱,	B = Δ,	C = ∞,	D = Θ.
Question 7 :	A = Δ,	B = ∞,	C = Θ,	D = ✱.
Question 8 :	A = Θ,	B = ∞,	C = Δ,	D = ✱.
Question 9 :	A = Δ,	B = ✱,	C = ∞,	D = Θ.
Question 10 :	A = Θ,	B = ✱,	C = Δ,	D = ∞.

TU AS PLUS DE △, TU ES LE BATMAN DU ZD !

Le Zéro Déchet n'a plus aucun secret pour toi, tu es le killeur, le King, le Dingo, le Mohamed Ali du ZD ! Tu es équipé et organisé, tu gardes toujours un sac à vrac de sauvegarde au fond du cabas et tes sens sont affûtés. Toujours prêt à balancer la claque au premier connard qui mettra une paille en plastique dans la menthe à l'eau de ton gamin. D'ailleurs tes gamins eux aussi sont des héros du Zéro en force, pas moyen de leur refiler une Tête brûlée ou un sac en plastique dans la cours de récré ! Ils sont au taquet et ils savent pourquoi ! Non seulement tu es un exemple pour les autres mais en plus tu sais rester modeste, tel Batman ! En agissant dans l'ombre, personne ne sait qui tu es, mais ce que tu fais ne passe pas inaperçu !
Tu n'hésiteras pas à user de tes pouvoirs pour faire manger les mégots jetés par la fenêtre par les automobilistes débilos. Le monde aurait bien besoin de plus de gens comme toi !

TU AS PLUS DE ✱, TU ES LE IRON MAN DU ZD !

Tu gères le Zéro Déchet à donf ! Et tu n'as besoin de personne pour te montrer comment faire, d'ailleurs tu ne reçois de leçons de personne. Tu racontes ta vie à tout le monde et fais la morale dans des émissions de TV bidon sur TF1 ou M6. Mais à force de te la raconter sévère, tu commences à péter les glinches à ton entourage. Si les SUV ou les monster trucks existaient à l'énergie hydraulique, on peut être certain que tu serais le premier à prendre ton fat bike électrique pour foncer te l'acheter. Si tu continues comme ça, bientôt tu feras la pub des grands industriels qui veulent récupérer le ZD en vendant leurs produits toxiques de mes deux dans des emballages réutilisables ! « Bonjour monsieur, voici votre glyphosate, mais votre bouteille est consignée !! » Attention de ne pas tout mélanger, la cause, la gloire et le flouze, tout ça risque de te monter à la tête et de te faire prendre de grosses décisions bien merdiques. Ferme donc un peu ton clapet et regarde ce qu'il se passe autour de toi, on a à apprendre de tout le monde... enfin presque !

TU AS PLUS DE ∞, TU ES UN COLIBRI DU ZD.

Tu peux être fier de toi, tu es un colibri. Ça paraît dérisoire et pourtant tu es INDISPENSABLE ! Tu n'es pas parfait, oui, ça on le sait, mais tu as compris (enfin c'est pas trop tôt quand même ;-)) qu'il fallait agir. Agir pour le climat, agir à ton niveau au quotidien. Certes tu ne fais pas tout, mais déjà tu fais quelque chose. Le Zéro Déchet te semble être une montagne insurmontable et pourtant t'as enfilé des godasses de rando et t'es prêt à commencer l'ascension ! C'est grâce à des gens comme toi, à des prises de conscience de plus en plus nombreuses qu'on arrivera à ralentir les dégâts ! C'est dans le nombre que réside la force, petit Padawan... Et à n'en pas douter, LA FORCE EST AVEC TOI ! Ne perds jamais espoir et quand t'en chies, tu n'as qu'à relire cette BD pour te rappeler que c'est dans l'échec qu'on apprend.
#tugèresgrave

TU AS PLUS DE ⊖, TU ES LE ZÉRO DU ZD ! LE ZÉRO QUOI ?

Le Zéro Déchet ? C'est quoi ce truc ? Naaaaan, rien à foutre, ça c'est pour les connards de bobos écolos ! Toi, ta devise, c'est « liké ou être liké ». Tous les moyens sont bons pour péter les scores sur Facebook ou Instagram ! Et tout le monde sait qu'une paire de cul rapporte toujours plus qu'un oiseau crevé sur la plage ! Et c'est tellement plus important que toutes ces conneries qu'on raconte à la TV.... Réchauffement ? Toi tu dis maillot de bain ! Perte de biodiversité ? Moins d'insectes dans la piscine ! T'aimes pas la nature, c'est pour les nuls, tu préfères la voir sur ton smartphone ou en selfie montage sur Insta, ça salit moins. Bref, l'écologie, tu t'en branles du moment que ça ne te gâche pas la vie. Tu refuses même de savoir à quoi ça sert. Comme on dit : « Après moi le déluge »... Mais as-tu quand même conscience qu'en continuant d'agir comme un consanguin décérébré, le déluge finira par se produire alors que t'es même pas encore mort ? #jaiavalémonchewinggummincejesuismort-maisqueldommage... vraiment.

LA LESSIVE AU LIERRE

RECETTE D.I.Y.

Merci qui?

Ma grande soeur de cœur, merci pour tes mots,

ton orthographe, ta relecture, ton recul, ton humour et ta patience.

REMERCIEMENTS

Un grand merci à Élise et aux Éditions du Lombard d'avoir cru en moi.
(J'espère que vous ne le regrettez pas aujourd'hui !)

Aux deux plus grands amours de ma vie, mes minous, mes tout doux, mes premiers fans toujours bon public et motivés. Mes deux enfants Mali et Dia si optimistes, si enthousiastes, mes deux rayons de soleil... Oui, c'est un peu ringard mais, c'est tellement ça !
Merci à vous deux d'être tellement égaux à vous-mêmes, je vous aime.

À mes parents que j'aime profondément. Merci d'avoir tenu le coup durant toutes ces années d'adolescence où je m'étais malencontreusement transformée en démon malfaisant. Merci de croire en moi aujourd'hui encore même si parfois mes combats vous dépassent.

À mes sœurs adorées, Caroline pour ta complicité même de l'autre côté de l'océan, Valérie pour ton regard bienveillant et tes conseils toujours affûtés.

À mon grand frère Nico qui a toujours une patate d'enfer à en épuiser tout le monde autour de toi. Je te soupçonne d'avoir hérité de toute l'énergie physique de notre famille... Sans doute pour ça qu'on n'aime pas vraiment le sport, nous autres... À méditer...

À Jérémie qui a toujours cru en moi, en mes capacités. Pour ton soutien encore et toujours. Ton avis a toujours eu une importance capitale pour moi. Merci.

Un immense merci à Aude Rozier pour tes conseils et ton horoscope qui déboîte !

À mes meilleurs amis, Laure et Dimitri, qui sont toujours là auprès de moi à travers le temps. Mes amis, mes modèles, mon soutien. Merci de croire encore en moi, merci d'être comme vous êtes !

À mes amies d'ici, du Sud-Ouest, qui sont mon pilier quotidien, sans qui je me ferais grave chier tous les jours ! À Caro qui est là depuis le début, à Émilie qui a toujours le mot pour me redonner la pêche, à Vivi qui égaye mes journées de taf et à Alex toujours dispo ! ;-)

Merci à Fotsybe et Delphine, mes petites mains colorieuses qui m'ont fait gagner un peu de temps dans la course effrénée des dernières minutes.

Merci à toute notre communauté Zéro Déchet qui nous suit depuis le début et même à ceux qui sont arrivés en cours de route, j'espère que ce mouvement ne s'épuisera jamais, qu'il grandira tellement que notre mode de vie deviendra la majorité et non celui d'une poignée d'illuminés loufoques.

Et pardon pour tous mes gros mots et ma grossièreté quotidienne que mes proches subissent depuis tant d'années. Pardon, oui, mais pas de changement programmé !
J'aime trop dire de la merde ;-). Ouais désolée.

BISOUS !

DE LA MÊME AUTRICE

AVEC JÉRÉMIE PICHON

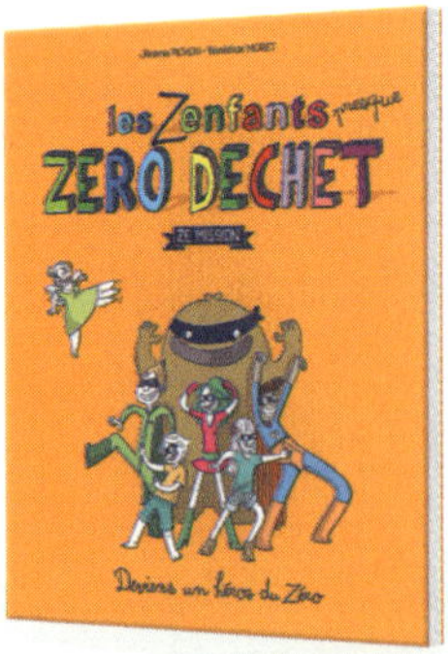

LES ZENFANTS ZÉRO DÉCHET - ZE MISSION

L'objectif de ce livre très illustré : devenir un « héros du zéro » (déchet) et sauver la planète. Ze mission : rejoindre l'équipe Zéro Déchet composée de Compostman, Zéroman, Greengirl, la Fée Letoi ou encore Slipman ! Toutes les activités des enfants sont abordées en 3 temps : une « Bédé » pour rigoler, un « Docu » pour comprendre et une « Action » pour changer leur monde et toute la planète en même temps ! Telle est la recette pour faire de nos bambins des héros du quotidien, les citoyens de demain.
Dès 8 ans.

TITRE : LES ZENFANTS ZÉRO DÉCHET – ZE MISSION
AUTEURS : JÉRÉMIE PICHON ET BÉNÉDICTE MORET
ÉDITEUR : THIERRY SOUCCAR
ISBN : 978-2-36549-213-3

FAMILLE EN TRANSITION ÉCOLOGIQUE - ZE GUIDE 2

Ce livre, à la fois manifeste pour la sobriété et guide pratique, vous invite à entrer les deux pieds dans la transition écologique. Avec l'aide d'ingénieurs spécialisés en bilan carbone et analyse de cycle de vie, Jérémie Pichon passe au peigne fin, toujours avec humour, le coût écologique de notre vie quotidienne : transport, logement, alimentation, électronique, épargne... Sur la base de cette analyse fouillée, il nous invite à redéfinir nos priorités et propose un plan d'actions pour amorcer en famille une vraie transition écologique.

Illustré avec un irrésistible talent par Bénédicte Moret, ce guide est aussi la démonstration que chacun peut être acteur de la transition écologique, par le retour à un système plus humain et à un mode de vie plus simple basé sur la mutualisation des savoirs et des richesses.

TITRE : FAMILLE EN TRANSITION ÉCOLOGIQUE - ZE GUIDE 2
AUTEUR : JÉRÉMIE PICHON
ILLUSTRATIONS : BÉNÉDICTE MORET
ÉDITEUR : THIERRY SOUCCAR
ISBN : 978-2-36549-310-9

FAMILLE ZÉRO DÉCHET – ZE GUIDE

Réduire ses déchets pour la planète, pour sa santé, pour le porte-monnaie, c'est le moment ! Mais comment s'y prendre ? En marchant dans les pas de Jérémie Pichon et Bénédicte Moret. Ce livre, à la fois carnet de bord pas triste, et guide pratique, vous mènera au but en vous épargnant bien des pièges ! Avec humour et autodérision, les auteurs vous proposent un plan d'action détaillé et 10 défis Zéro Déchet pour vous lancer. En s'appuyant sur leur connaissance de l'écologie, ils livrent des centaines de conseils pratiques et d'alternatives simples pour le quotidien : courses, cuisine, nettoyage, mobilier, hygiène, maquillage, vêtements, jardin, bricolage, festivités... À vous de jouer !

TITRE : FAMILLE ZÉRO DÉCHET – ZE GUIDE
AUTEURS : JÉRÉMIE PICHON ET BÉNÉDICTE MORET
ÉDITEUR : THIERRY SOUCCAR
ISBN : 978-2-36549-187-7